中国精酿观察

——基于品牌与商业模式创新的思考

曾莉芬　吴　凡　著

浙江工商大学出版社
ZHEJIANG GONGSHANG UNIVERSITY PRESS

图书在版编目（CIP）数据

中国精酿观察：基于品牌与商业模式创新的思考 / 曾莉芬，吴凡著．— 杭州：浙江工商大学出版社，2018.5

ISBN 978-7-5178-2720-7

Ⅰ．①中… Ⅱ．①曾… ②吴… Ⅲ．①酿酒工业—经济发展—研究—中国 Ⅳ．① F426.82

中国版本图书馆 CIP 数据核字 (2018) 第 071742 号

中国精酿观察
——基于品牌与商业模式创新的思考
曾莉芬　吴　凡　著

责任编辑　唐　红　梁春晓
封面设计　肖瑞熙
责任印制　包建辉
出版发行　浙江工商大学出版社
（杭州市教工路 198 号　邮政编码 310012）
（E-mail：zjgsupress@163.com）
电话：0571-88904980，88831806（传真）
排　　版　林朦朦
印　　刷　杭州五象印务有限公司
开　　本　710mm×1000mm　1/16
印　　张　16
字　　数　193 千
版 印 次　2018 年 5 月第 1 版　2018 年 5 月第 1 次印刷
书　　号　ISBN 978-7-5178-2720-7
定　　价　69.00 元

浙江工商大学出版社营销部邮购电话　0571-88904970

序一

2014 年 7 月，几乎是一年当中最热的月份。我和我的同事先坐两个多小时动车到达温岭，再从温岭坐出租车，又是一个多小时的车程，终于到达浙江省东部的一个小县城——玉环县。据说，这是当时浙江省唯一一个不通高速的县城。但就是这么一个小县城，近年来连续跻身“中国综合实力百强县”行列，2016 年在全国最具综合实力中小城市百强评选中名列第 28 位。玉环形成了汽摩配、阀门水暖、金属制品、家具、眼镜配件、机械包装、机床等特色产业集群，先后被称为中国阀门之都、中国汽车零部件产业基地、中国新古典家具精品生产（采购）基地、中国欧式古典家具生产基地等。

“塔罗斯”正是玉环成千上万家制造业企业之一。在经济新常态下，浙江的制造型企业的转型升级成为一大困局，但多年和浙江制造企业打交道的经验也告诉我，在这片企业海域之中，其实隐藏着不少“冠军”：它们往往低调，鲜为人知，规模也不大，但在一个极小的细分领域中参与全球的国际化竞争，以市场占有率来衡量，它们可以排到全球前列。“塔罗斯”正是这样的一家小型“隐形冠军”。当玉环的众多企业都在生产阀门龙头之时，“塔罗斯”却在众多龙头产品中选择了一个极为细分的行业——啤酒分发设备龙头。所谓“啤酒分发”，也就是我们俗称的“扎啤”。在来到“塔罗斯”之前，我们刚好完成了一个千岛湖啤酒的咨询项目，对中国啤酒行业的现状及困境有所了解。所以，对“塔罗斯”也有着极大的兴趣。我们也很好奇，这么一家完全以外贸业务为主的企业为什么会有国内品牌和营销方面的咨询需求？

也是在这时，我们第一次见到“塔罗斯”的掌门人——邱迪清先生。和很多优秀的制造型企业家一样，邱总的严谨、对细节的关注、对品质的把控在第一次见面时就给我们留下了很深的印象。也是在这时，我们第一次听邱总聊起了精酿啤酒。邱总凭借自己多年在国际市场上的经验告诉我们：国外这两年精酿啤酒发展很快，而且这几年，中国市场上也已经有了精酿的苗头。国外的啤酒饮用很大一部分是使用啤酒分发设备，但是在中国却很少。在 20 世纪 90 年代，扎啤在中国其实流行过一段时间，但是出于各种原因，很快退出了。但在邱总看来，扎啤的饮用方式应该会有所复苏。所以，一直以外贸业务为主的塔罗斯想回到国内市场，开拓国内业务，打响自己的品牌。

作为企业家，邱总有着敏锐的洞察力，但谨慎的性格，又让他不敢贸然行动。国内精酿行业，最终能发展到多大？国外的精酿市场和国内的精酿市场是否会有相同的路线？国内啤酒的竞争格局给精酿留下多大空间？啤酒分发形态和精酿市场有多大的相关度？若是开拓国内市场，塔罗斯的主要客户会是谁？扎啤在中国能否流行？如何才能做好扎啤市场，避免重蹈 20 世纪 90 年代的市场悲剧……无数问题都有待解答。很快，我们和邱总达成共识，就“塔罗斯”在中国的品牌战略开始了合作。

在接下去的半年多时间里，我们拜访了青岛啤酒等国内一线品牌的高管，听取他们对于中国啤酒行业发展现状及精酿未来发展的看法；我们拜访了精酿圈里的大咖，探求他们做精酿的初心，也感动于他们做精酿的执着；我们约见国内做扎啤业务时间最长的老总，听听他对扎啤的核心竞争力的理解以及对精酿的看法；我们走访了国内啤酒品牌的经销商，听听他们对目前国内啤酒销售的困境及他们的思考；我们参加了各个地方的精酿啤酒节，探寻精酿真实的市场和消费人群在哪；我们参加北京和上海的展会，感受工业啤酒和精酿啤酒两个时代的交替……半年后，我们提交了《塔罗斯品牌战略研讨报告》，并在其后的两年里，我们作为“塔罗斯”的品牌顾问一直在持续地追踪啤酒行业及精酿行业的发展和各种新动向。

作为一个相对旁观的商业顾问，我们在短短的几年时间里，看到了精酿行业的快速发展。其中，既有成功拿到风投，看似快速发展其实前途不明的企业；也有经营精酿酒吧餐吧，却业绩惨淡的投资者。有精酿的爱好者不忘初心，坚持精酿的多元文化；也有外行的企业家从中国啤酒的消费升级中嗅到商机；有大型啤酒厂商倚着渠道、品牌和资金的优势，欲鲸吞市场，又有中国本土精酿在艰难中欲打出中国自己的精酿品牌。几年里，精酿行业经历了略有微光、快速发展、快速洗盘、快速倒闭的过程。这一切，让我们不禁更深入地去思考，中国的精酿行业能否复制国外的荣光？精酿未来的竞争格局会是怎样？消费者的需求到底是什么？作为精酿行业里的每一个企业，如何从未来思考现在，找到自己的立足点和独特的商业价值？

综观国内的精酿研究和书籍，我们发现几乎都是侧重于谈精酿啤酒本身，几乎没有站在文化、消费者、精酿国内外的差异以及商业模式创新上去思考精酿行业的书。但恰是这些，而不是精酿啤酒本身，才能让精酿行业发展得更好、更远。正如我们在“塔罗斯”战略报告当中所说的：精酿行业的未来发展，很大程度上取决于身处精酿圈的人怎么思考、怎么做，而这也正是邱总坚持塔罗斯只做高品质产品的原因，只有高品质的产品，才能让消费者和客户体验到最好的啤酒，也才能让精酿行业真正走上良性的可持续发展之路。

在本书中，我们先从精酿的第一批从业者入手，是他们，给中国精酿种下了种子，植入了中国精酿最初的基因，也看到了风险和机会并存的中国精酿市场。但中国精酿的未来格局会呈现出什么样子？我们在第三章和第四章中，从两个维度去思考这个问题，一个维度是中国啤酒行业之前的发展中所呈现出来的竞争关键词，另一个维度是国外精酿行业发展中的关键因素，以他们为坐标，去思考未来中国精酿和中国啤酒行业的格局会是怎样。在第五章和第六章中，我们立足现在，采访了消费者、精酿相关行业的人士对于精酿的理解和需求，以及他们对中国精酿行业的启发。在第七章，也是本书最重要的一章中，我们开始了对中国精酿行业模式和创新的思考，未来能在这一行业生存的企业，都必须去思考自身的价值问题。在第八章和第九章，我们搜集了国内外精酿行业的一些新趋势和新动态，以期给精酿行业的从业者一定的启发。

曾莉芬

浙江工商大学

人文与传播学院

品牌创新研究所

2018 年 2 月 12 日

序 二

中国是全球最大的啤酒消费国之一，我国的啤酒市场规模高达 4500 亿元。但自 2013 年起连续 3 年出现下滑，2016 年底才略有复苏。与此相对，销售不足工业啤酒市场 1% 的精酿啤酒却逆势而上，以一年 40% 的增长率迅猛增长。

最近几年，中国经济持续稳定增长，国内啤酒行业的消费结构和消费升级，带动了产品结构优化和价格提升，啤酒市场由增量向增质转变，追求差异化、高品质的啤酒成为消费趋势。中国精酿的初创发展阶段是从 2007 年到 2012 年，这个阶段出现了第一批有意识的“精酿人”、精酿企业。到了 2013 年，中国精酿开始进入成长阶段，各种精酿啤酒屋，各种以精酿啤酒为主题的啤酒节、论坛、展览会相继出现。精酿啤酒行业的先行者们通过各种形式，努力打造和传播具有本土特色的精酿文化。逐利的资本也开始关注并投入这片蓝海，中国精酿迎来了井喷式的发展态势。

现在，80 后、90 后已慢慢成为国内啤酒消费的主力军，比起品牌力和性价比，他们更追求个性化的东西。啤酒不只是过嘴、过胃，还要过心。我有很多客户都是这样一群富有想法，敢于追求极致品质的年轻人。他们不一定最了解精酿，但他们一定是能把精酿“玩”得很好的经营者。他们关心酒的口感，满足终端消费者的需求，更会选择体验感优良的配套设备。他们对各国文化有更高的包容度，对本土文化、家国情怀有更多的自豪感。

所以，当初在策划《中国精酿观察》这本书时，我们除了想科普中国精酿啤酒的发展历程，横向展示其他国家精酿啤酒的发展特色，更是要深入精酿啤酒行业中的各个环节，帮助大家更全面、更直观地了解“什么是精酿”“精酿能做什么”“精酿怎么做”。

精酿啤酒最早出现在欧洲，后来在美国兴起，经过 30 年的发展，美国精酿啤酒市场规模从当时的 5% 上升到了现在的 14%—15%。中国有强大的市场基础，有一群致力于积极推广精酿啤酒的个人和机构，相信精酿啤酒未来也能在中国盛放。希望这本书能为中国精酿啤酒文化的推广贡献一分力量，能给予创业者、投资人、行业爱好者及想要进入这个行业的人一定的参考意义。望我国精酿啤酒行业发展越来越成熟，有更多的人加入传播精酿啤酒文化当中。

邱迪清
塔罗斯集团总经理
2018 年 1 月 29 日

序 三

2017 年 10 月 9 日，当美的集团市值突破 300 亿元，成为全球屈指可数的家电科技集团时，我为中国制造骄傲的同时也在焦虑，中国大部分制造型企业还挣扎在转型的边缘，在纠结制造业品牌的创造之路该如何走下去。

论大环境，我国大多数制造业是外贸代工企业，长期依赖国际市场，需求日益萎缩，早期的劳动力红利和土地红利也日渐消失；看自身，制造型企业内部管理机制和产品创新创造落后，转型意识滞后，中国制造业的转型升级势在必行。

在制造业转型路径不清、企业资源能力有限的困境中，企业要想成功转型，必须洞察外部环境，结合自身能力及对形势的判断，第一步要做好品牌转型战略，第二步则要将战略细分到企业经营的每一个环节中，用细节助力战略。这些也正是我 10 多年来专注为中小型制造企业转型升级服务的努力目标。在这个过程中，很幸运和塔罗斯一同前行。

2015 年 1 月 1 日，塔罗斯和我们在杭州运河边勾画品牌战略蓝图，瞄准国内精酿发展趋势，确立了成为国内精酿分发设备引领者的愿景。事实证明，塔罗斯的确做到了。

这 3 年时间，我们所有人都倾注了不同于往日的心血，要面对来自行业传统规律的质疑，要面对企业自身创新思想和能力的限制，要面对各方面的利益矛盾给转型带来的阻力，要面对转型未知终点的不确定。事实证明，我们做到了，塔罗斯不仅成了国内知名的精酿分发设备制造商，而且升级后的品牌国际地位也大大提升。此外，我们助力的 100 多家品牌也取得持续性业绩增长，迈开了制造业转型有战略、可实现的一步。

塔罗斯的成功转型，不仅得益于每一名项目成员的努力，塔罗斯所有成员的辛勤工作和坚定的转型信念，更要感谢战略导师的敏锐眼光。

塔罗斯品牌转型的战略制订者、浙江开物品牌咨询创始人曾莉芬女士和吴凡教授，通过对精酿行业的亲身观察和与诸多行业先锋的访谈和交流，结合自身 20 多年的商业咨询经验，撰写了此书，以飨读者。我站在塔罗斯转型战略实施者的角度认为，该书剖析了我国精酿在纷繁变化中的发展实质，强调品牌在精酿进程中的意义，让精酿相关的从业者们能从中发现机会、认识挑战，及时调整自身的战略。这对于当今中国精酿业，乃至于在转型期的中国制造企业而言，都具有积极的借鉴意义。在此我向作者表示祝贺，向塔罗斯对此书撰写提供的支持表示感谢，同时也向精酿从业者和制造业企业家推荐此书。

陈恩杰
恩杰先声品牌营销董事长
2018 年 1 月 30 日

目录
Contents

1 当下的中国精酿

DANGXIA DE ZHONGGUO JINGNIANG

每个行业都有自己的生命周期，中国精酿行业已经走过了萌芽初创阶段，进入了成长阶段。在初创时期的商业构想，努力生产出能够满足精酿市场的独特消费需求的产品和服务、建立基础的客户群等目标得到了初步的实现。但是随着精酿行业进入快速发展阶段，竞争日趋激烈，参与竞争者越来越多，精酿行业未来的发展目标及行业高度在哪里？建立以盈利为目标，以实现精酿文化价值的发展路径在哪里？每个问题都值得进行深刻的思考和总结。

立足现在，我们回望过去，展望未来。在这一章，我们探索当下的中国精酿，它的起源、现状和问题。如果中国的精酿是颗种子，那么这颗种子有着什么样的基因？这些基因是否决定了中国精酿的未来？这些基因，又是否决定了中国精酿在未来发展过程中会遇上哪些问题和关卡？

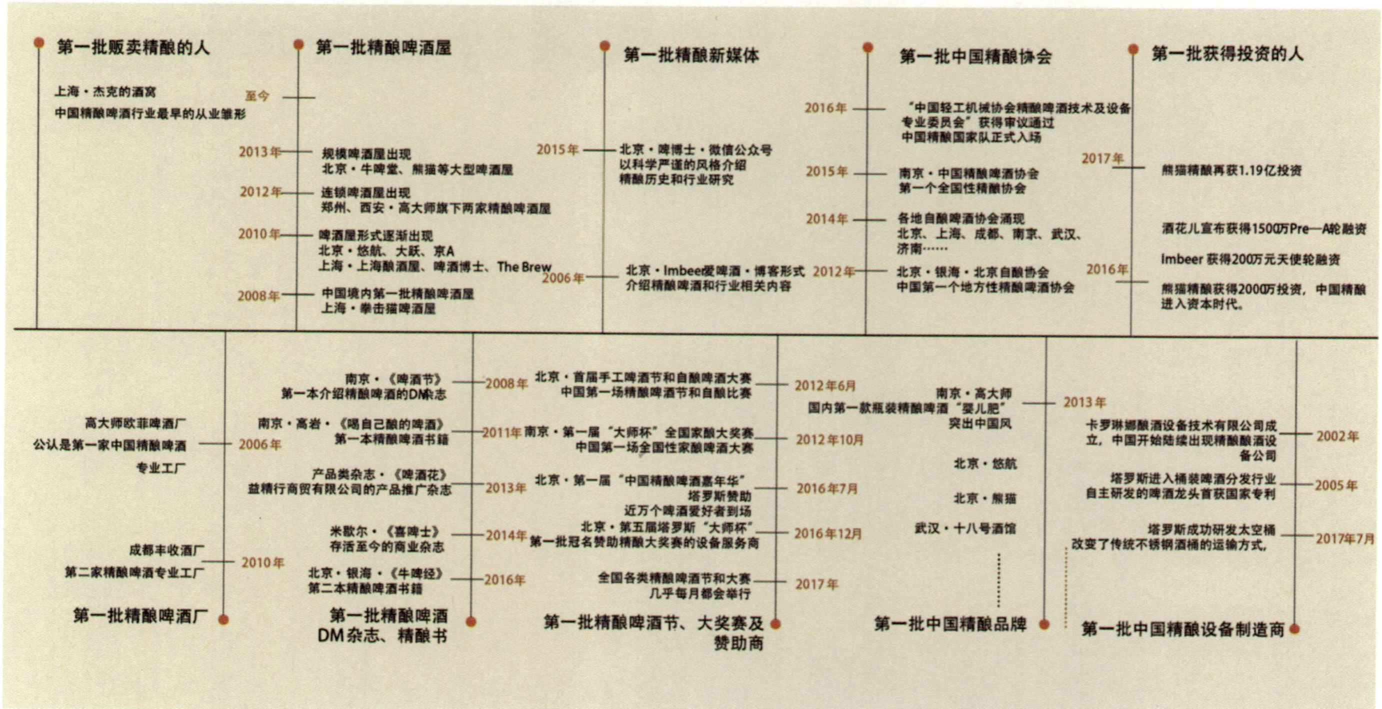

图 1-1　中国精酿诸多"第一"

第一节 中国精酿行业的萌芽和发展

精酿在中国是一个新物种，这个新物种的萌芽是个舶来品。据笔者研究，中国精酿行业的发展以 2013 年为界，分为两个阶段，第一个阶段是 2007—2012 年的中国精酿行业萌芽阶段，第二个阶段是 2013 年至今的中国精酿行业理性成长阶段。

一、中国精酿行业萌芽阶段

2007 年到 2012 年，精酿初创发展阶段的特点是各种“第一”相继出现，这些新萌芽的事物打造了中国精酿最早的市场雏形。

第一批贩卖精酿的人

上海，杰克的酒窝，中国精酿啤酒行业最早的从业人员。

第一批酿造的人

2006 年，高大师欧菲啤酒厂，被公认为第一家中国精酿啤酒专业工厂。

2010 年，成都丰收酒厂，第二家精酿啤酒专业工厂。

第一批精酿啤酒屋

2008 年，上海“拳击猫”，中国境内第一个精酿啤酒屋。

2010 年之后，啤酒屋在各地逐渐出现：

北京出现了大跃、悠航、京 A 等精酿啤酒屋；

上海出现了上海酿酒屋、啤酒博士、The Brew 等啤酒屋。

2012 年之后，连锁啤酒屋出现：

郑州、西安出现了高大师旗下的两家精酿啤酒屋。

2013 年之后，规模啤酒屋出现：

北京出现牛啤堂、熊猫等大型精酿啤酒屋。

此后，各地精酿啤酒屋如雨后春笋般发展，目前涵盖了中国几乎所有主要城市。

第一批精酿啤酒 DM 杂志、精酿书

2008 年，南京出现了第一本介绍精酿啤酒的 DM 杂志——《啤酒节》，发行了一期即告夭折。

2013 年，产品类杂志《啤酒花》在精酿啤酒圈风靡流行。此杂志原是做进口贸易的益精行商贸有限公司的一本为他们代理的产品做推广的产品杂志，里面有一些与进口啤酒相关的产品线索，以及行业内的 KOL 们约稿。实在是当时精酿行业可以表达的空间太少，精酿人需要表达的愿望和接受信息的愿望太过强烈，此杂志一经出现，便开始流行。

2014 年，主编米歇尔离职创办了她自己的杂志《喜啤士》，这是一本以介绍精酿文化和技术为主的商业杂志，杂志也成功地从纯介绍产品转为行业媒体的角色。

2011 年，高岩《喝自己酿的啤酒》一书正式出版。高岩从 2010 年 10 月开始，就在网上连载“如何在家自己酿啤酒”的一系列原创文章，很多精酿爱好者看着高岩的书一页一页酿出酒来，高岩培养了中国第一批家酿爱好者，也成就了自己的大师地位。

2016 年，银海的《牛啤经》出版，该书介绍了包括精酿历史、酿造过程和品鉴的基础知识，中国精酿又多了一本精酿入门教材。

第一批精酿新媒体

2010 年，“imbeer 爱啤酒”在北京一个六层老式居民楼里问世。这个以介绍精酿啤酒和行业相关知识为主的博客，成为精酿行业新媒体的标杆。

2015 年，“啤博士”成立。这个由博士团队成立的公众号以科学严谨的风格为人们介绍精酿行业的历史和知识，此后他们成立了中国第一个精酿啤酒播客，以广播形式推广精酿知识和文化。

第一批精酿啤酒节和大奖赛

2012 年 6 月，北京首届手工啤酒节和自酿啤酒大赛在北京南城胡同举办，这是中国第一场自酿啤酒比赛。

2012 年 10 月 4 日，第一届“大师杯”全国家酿大奖赛在南京举行，3 个裁判和 20 多款自酿酒，组成了大赛。

2016 年 12 月，由塔罗斯冠名赞助的第五届“大师杯”总决赛在北京举行，这是第一个冠名赞助精酿大奖赛的设备商，也意味着精酿行业上下游产业链开始形成。

2016 年 7 月，由塔罗斯赞助，“imbeer”主办，在北京中国国际展览中心举办了“中国精酿啤酒嘉年华”。92 个酒头，32 个品牌摊位，200 款啤酒，3 场新品发布会，6 场行业大咖演讲，近万名啤酒爱好者到场，现场几度嗨爆。

至 2017 年，全国各类精酿啤酒节和大赛几乎每月都会举行：上海啤酒周、上海精酿啤酒节、上海老码头啤酒节、北京精酿啤酒节、特殊啤好者啤酒节、南京“大师杯”全国家酿大奖赛、中国精酿啤酒节……

第一批中国精酿地方协会和全国性协会

2012 年，银海在北京成立北京自酿协会，这是中国第一个地方性精酿啤酒协会。该协会由酿酒师、精酿啤酒从业人员、家庭酿酒爱好者及啤酒发烧友组成，以倡导精酿啤酒文化、家庭与手工酿造啤酒制造为己任，是国内正式注册登记会员人数最多、规模最大的家酿和精酿啤酒协会。

2014 年，是各地自酿啤酒协会暴增的一年，北京、上海、成都、南京、武汉、济南等多个城市都有了自己的家酿啤酒协会，在交流比赛、技艺切磋中涌现了很多专业的啤酒酿酒师。

2015 年 12 月 10 日，20 多位精酿酒厂代表在南京成立了“中国精酿啤酒协会”，这是第一个全国性协会。

2016 年 9 月，“中国轻工机械协会精酿啤酒技术及设备专业委员会”和《中国轻工机械协会精酿啤酒技术及设备专业委员会管理办法》获得中国轻工机械协会五届三次理事会的审议通过，标志着中国精酿啤酒的“国家队”正式成立。

第一批中国精酿啤酒品牌

2013 年初，南京高大师啤酒公司研发的国内第一款瓶装精酿啤酒“婴儿肥”横空出世。该产品首次在国内以瓶装的模式，将精酿啤酒的概念带入了更广泛的啤酒流通渠道，打破了中国精酿啤酒包装模仿西方风格的格局，突出了中国风。

随后，悠航啤酒、熊猫啤酒也相继推出了各自具有中国风格的瓶装精酿啤酒品牌，进一步扩大了消费者对精酿啤酒的认知范围。

第一批中国精酿设备制造商

中国第一套精酿啤酒酿造设备由齐鲁工业大学啤酒实验室成功研发。

2002 年，卡罗琳娜酿酒设备技术有限公司成立，自此中国开始陆续出现专业精酿酿酒设备公司。

2005 年，塔罗斯开始进入桶装啤酒分发领域，自主研发的啤酒龙头首次获得国家专利。

2017 年 7 月，塔罗斯成功研发太空桶，改变了精酿行业传统不锈钢啤酒桶的运输方式。

二、中国精酿理性成长阶段

2013 年至今，精酿行业为适应市场化需要不断变革，其变化之快让人应接不暇。如果说最早的精酿萌芽只是出于热爱和兴趣，那么 2013 年后的精酿已经开始走上了“商业化”这条大路，精酿开始了“从兴趣出发”向“从生意出发”的转变。

中国精酿用短短几年的时间走过了其他行业不同生命周期阶段所走过的道路：产品创新、渠道开拓、品牌化运营、客户体验、文化营销、资本并购。看似很小的中国精酿，走的却是“高大上”之路。当然，这是件好事，因为只有真正的商业化，才能让中国精酿经受住更持久和更多市场的考验，从而构建起合理健康的产业生态链。

表 1–1 详细展示了中国精酿的成长特点与代表性事件。

表 1-1 中国精酿成长特点及代表性事件

精酿合理化成长特点	代表性事件
精酿瓶装啤酒的出现	· 2013 年国内第一款瓶装精酿——“婴儿肥”上市
精酿包装设计上的中国风格出现	· 2013 年“婴儿肥”采用中国年画为设计元素
精酿由自酿堂喝进入流通领域	· 2013 年，高大师、熊猫、莱宝等少数几家酒厂瓶装上市 · 2016 年，牛啤堂、丰收、十八号酒馆、蜂狂、老饕、始觉、过山车、优布劳等也瓶装上市 · 2016 年，优布劳开拓瓶装代工业务
精酿借牌照做品牌	· 2016 年，牛啤堂的金、银两款产品由邯郸的“优布劳”代工生产，瓶装上市 · 此后，拳击猫、京 A、牛啤堂、丰收、十八号酒馆、蜂狂、老饕、始觉、过山车、优布劳等也纷纷加入
精酿酒吧体验化	· 各地领先的精酿酒吧开始由瓶子店向扎啤转型，门店三五十个酒头成为标配体验 · 推动本地品牌在全国范围的出货量 · 催生专业安装店内打酒设备的全新生意，预示精酿行业上下游产业链的逐步形成
精酿受资本青睐并被收购	· 2016 年 1 月，熊猫精酿获得超 2000 万元融资，是中国精酿行业里第一起融资事件，标志着精酿行业真正引起了资本市场的注意 · 2017 年 2 月，百威将鹅岛的精酿啤酒吧带入中国 · 2017 年 3 月，百威收购上海精酿啤酒拳击猫酒厂

三、中国精酿商业生态链初步形成

中国精酿发展从零起步，至今不过短短十几年，但是高速发展下已经初步形成了精酿行业产业链。这个产业链以企业利益为中心，连接了精酿原料提供商、精酿设备供应商、精酿酿造商、精酿渠道商、精酿媒体等精酿行业横向发展路径中的各个集合体。与此同时，以用户利益为中心的精酿商业生态圈也在逐步形成，但是完整的商业生态链远未形成，精酿啤酒行业还存在很多问题：

1. 精酿行业作为食品饮料行业，产品质量是关键和基础，行业内还未形成成熟的质控标准，目前根基未稳。

在美国，对于精酿啤酒厂的定义有严格的规范。首先，年产量不能超过 600 万桶（约 70.2 吨）；其次，非精酿酿造者或公司机构的占比不能超过 25%；最后，大部分啤酒的风味都必须从传统或者创新的原料与发酵工艺中获得。在中国并没有行业认可的精酿啤酒厂的定义，精酿啤酒厂的建厂标准采用的是传统工业啤酒厂的标准，这导致精酿啤酒厂的建立门槛较高；对于精酿啤酒的质控标准也同样采用工业啤酒的标准，这导致以风格见长的精酿啤酒中的某些口味和风格不能在国内进行生产；同时，由于标准缺失，反而导致一些低质高价的自酿、微酿也打着精酿的旗号，制造了精酿产品质量把控上的混乱。

2. 精酿行业的商业模式、渠道、服务和体验都远未得到市场和消费者的认可。

精酿的销售渠道一般在小资的精酿酒吧、瓶子店及少数餐饮店，在风格上一般走的是复古工业风或清新文艺风，能够带给消费者的体验差异化不大。同时，动辄 30—60 元一瓶的价格对消费者来说也并不友好。

3. 精酿行业是高风险蓝海，行业还未完全成熟，但竞争层次已分化，已迅速地从产品之间的竞争转变成品牌、商业模式及资本间的竞争。

在众多的精酿啤酒企业中，在一些企业还在蹒跚起步的时候，有一些老牌的精酿企业已经建立起一定的品牌知名度，如高大师、莱宝、牛啤堂等，也有一些企业在资本的介入下开始迅速扩张，如获得 1.19 亿元融资后的熊猫精酿迅速扩大生产量，进行新品研发，抢占终端渠道，进行门店的复制和扩张及开展一系列营销活动，让国内的很多精酿企业望尘莫及。

4. 精酿行业竞争放大，国内外的啤酒从业者，甚至其他行业都开始关注，竞争异常残酷。

国内工业大厂如雪花、青岛等纷纷转型升级投入精酿市场推出其精酿产品；在国外错过了机会的百威英博也迅速布线，收购精酿酒吧，引入精酿品牌鹅岛，在上海开起了鹅岛精酿酒吧，成为精酿行业的朝圣之地。不仅如此，精酿行业和其他行业的跨界合作也遍地开花，不仅数量众多而且形式多样。跨界玩家“莱宝”三次入驻“开始吧”开展跨界众筹项目，两次与李志等六位中国独立音乐人合作众筹项目“摇滚有啤气”，与二次元网红狗阿怪 IP 合作推出“365 天不重样的精酿啤酒”，将精酿的跨界众筹进行到底。

第二节

中国精酿早期从业者档案

在对中国精酿行业的早期探索中，值得一提的是那些中国精酿行业的最早从业者。他们是中国精酿行业的播种者，正是他们，奠定了中国精酿行业的早期的基调。

一、中国早期精酿从业者档案

中国早期精酿从业者档案之一

品　　牌：高大师

代表人物：高岩

成立时间：2007 年

成立地区：南京

个人品牌印记：

1. 留学美国，学习化学制药。

2. 从学习手工自酿开始进入精酿行业。

3.《喝自己酿的啤酒》先在网上连载，后结集成书，是中国最早出精酿书的人之一，热诚推广精酿文化。

4. 自创精酿啤酒品牌。2013 年，全新的品牌 Master Gao“高大师”，打出了“酿造自由”的旗号。

5. 中国第一款瓶装精酿啤酒——婴儿肥 IPA 面世，为精酿规模化生产创出一条新道路。

6. 建立零售系统，在全国 24 座城市的连锁超市和便利店销售。

7. 开辟线上销售渠道，和京东酒类签订了战略合作协议。

8. 自觉推动精酿文化，主办了多届“大师杯”家酿比赛，组织和举办中国精酿啤酒展会。

图 1-2 高大师“婴儿肥”
图片来源：京东

图 1-3 《喝自己酿的啤酒》，高岩著
图片来源：百度百科

中国早期精酿从业者档案之二

品　　牌：牛啤堂

代表人物：银海、小辫儿

成立时间：2013 年

成立地区：北京

个人品牌印记：

图 1-4　牛啤堂北京店

图片来源：http://www.daizhe.cn/share/detail/id/13793

银海：

1. 电子工程师，曾在欧洲工作。

2. 2007 年接触家酿。

3. 2012 年起，任北京自酿啤酒协会会长。

小辫儿：

1. 国内第一家旅行主题酒吧“过客”酒吧的老板，资深设计师，国内最早的户外运动发烧友。

2. 啤酒瓶收集爱好者，建立的“世界啤酒瓶博物馆”收藏超过 7000 个啤酒瓶。

3. 拥有丰富的产品线，有十几款自酿精酿特色啤酒、十几款国内其他城市精酿鲜啤、数百款世界各地的进口特色精酿啤酒。

4. 自建精酿酒厂，向产业链上下游延伸。在北京酒厂小批量实验版直供牛啤堂堂喝外，自建并已取得所有合法手续的精酿酒厂于 2016 年正式投产。

5. 从自我消费向提供市场产品转化。自建酒厂生产多种风格的牛啤堂啤酒，供应国内众多专业精酿啤酒吧。

6. 中国精酿“布道者”的身份。在北京发起和参与的众多活动已成为中国标志性的啤酒活动；开设中国最早、最专业的精酿啤酒教室，可以现场学习、体验啤酒酿造全过程。

Archives

中国早期精酿从业者档案之三

品　　牌：熊猫精酿

代表人物：潘丁浩

成立时间：2011 年

成立地区：北京

个人品牌印记：

1. 留学加拿大。

2. 2013 年与夏语林组建熊猫精酿团队，团队化分工运作，技术和市场分工配合。

3. 2013 年 9 月 18 日，开始第一批熊猫精酿的研发生产，16 万瓶熊猫精酿啤酒面世，不到半年便售罄。尝试规模化生产、瓶装酒销售，突破精酿啤酒产量的限制，为走向市场探索道路。

4. 把熊猫精酿定位为品牌型企业，采用瓶装酒和实体店经营模式，走出自我圈子的品牌意识建立和品牌定位意识的出现，预示着精酿行业的逐步成熟。

5. 利用实体店搭建与消费者沟通的平台。消费者培养意识出现，自觉承担传播精酿知识和文化的企业责任。

6. 走出圈子化营销意识出现，跨出圈子化口碑传播，与果壳、穷游、《男人装》等有影响力的网站、媒体合作，线下与线上结合；同时被国外媒体如瑞士的《新苏黎世报》、国内主流媒体《参考消息》等报道，扩大影响力。

7.跨界合作的传播策略：冠名赞助草莓音乐节、迷笛音乐节、滑雪节、话剧等文体活动提升市场知名度。将目标人群锁定为年轻群体中那些有着较高活跃度的喜欢音乐、话剧的文化精英，找到酒与文化、艺术、体育的天然联系，营造精酿文化和市场氛围。

8.精细的渠道把控，跳过经销商，直接分销到酒吧和餐厅。2014年到2015年，熊猫精酿的销售渠道已经逐渐覆盖到全国50个城市，一部分在超市上架售卖。

图 1-5　熊猫精酿

图片来源：http://www.daizhe.cn/share/detail/id/13793

图 1-6　熊猫精酿成都店

图片来源：http://china.gansudaily.com.cn/system/2016/04/27/016029056_02.shtml

Archives

中国早期精酿从业者档案之四

品　　牌：道酿

代表人物：王睿

成立时间：2013 年

成立地区：成都

个人品牌印记：

1. 音乐 DJ 出身。

2. 接触美国精酿人后，从厨房手工开始精酿酿造。

图 1-7　道酿啤酒坊

图片来源：http://www.dianping.com/shop/79621896/review_all?queryType=sortType&&queryVal=latest

3. 从 2010 年年产 200 升的精酿小作坊扩展到 2014 年年产 600 吨的小型精酿啤酒公司。

4. 用传统工匠制造精神研磨产品，每年只精酿 1—2 款新口味啤酒。

5. 获 QS 生产许可证。

6. 用桶装和易拉罐装的方式规避国家行业制度壁垒（国家规定啤酒厂须满足每小时 18000 瓶灌装生产线的生产能力，才能拿到生产许可证，产品才能正式流入市场），“道酿”年产能 600 吨，已经销往 30 多个城市 200 多家酒吧。

7. 与不同领域艺术家进行跨界合作，如与孟京辉工作室合作为 Disco Party 酿造定制啤酒、与马赛克乐队合作酿造单一酒花 IPA。

中国早期精酿从业者档案之五

品　　牌：莱宝

代表人物：曹晖

成立时间：2010 年

成立地区：上海

个人品牌印记：

1. 早期莱宝产量非常小，只酿造不杀菌、不过滤的鲜啤酒。

2. 以产品包装的个性化走红。独树一帜的小钢瓶设计，成为莱宝品牌的重要标识。遮光可以避免啤酒受到紫外线照射变味，相比玻璃瓶更有质感，更符合高端市场受众的口味，有利于市场推广。

3. 定位为本地化的高端精酿啤酒，产品追求高品质和本地化，不断创新：

莱宝深色拉格黑啤获得了由 BA 美国精酿协会颁发的银奖；

推出甘苦平衡，香味怡人“滩 IPA”，避开一般 IPA 苦涩的口感，迎合了上海人喜甜的口味偏好；

推出黑色兔子系列水果啤酒，度数相对较低，口味偏甜，包装设计时尚，种类丰富，满足年轻人及女士的需求；

结合中国喜庆文化，推出了“禧、福、發”系列，分别是比利时白啤、酒花皮尔森和牛奶世涛。

4. 有一定的渠道销售能力。把自产鲜啤推向上海的知名餐饮场所，甚至包括朝鲜国营的平壤青柳馆，还进入了商场超市、便利店等新渠道。

5. 倡导酒餐场景化理念，助力市场销售。每款酒都配上了食物搭配指南。开发清淡的中式佐餐精酿 689 系列，让不懂精酿啤酒的客户喝到了与众不同的精酿啤酒，培养精酿消费者。

6. 跨界文化圈，适应和扩展精酿啤酒消费者文化。积极参与各种啤酒节、户外活动、音乐节。2016 年 7 月，与李志、赵雷、爽子等音乐人合作，推出“摇滚有啤气”系列精酿；与孟京辉工作室合作，推出“黑猫戏剧节”专属小钢瓶精酿。

图 1-8　莱宝“小钢瓶”

图片来源：http://i.wshang.com/Post/Default/Index/pid/248020.html

图 1-9　莱宝精酿啤酒工坊

图片来源：http://i.wshang.com/Post/Default/Index/pid/248020.html

中国早期精酿从业者档案之六

品　　牌：十八号酒馆

代表人物：王帆

成立时间：2010 年

成立地区：武汉

个人品牌印记：

图 1-10　18 号酒馆

图片来源：http://www.winvv.cn/post/568.html

1. 啤酒进出口业务出身。

2. 自创酒品牌。2014 年初，十八号酒馆由酒馆名成为一个品牌名，酿造了第一款流通市场的酒——“跳东湖”IPA，是武汉本地化和年轻人的文化地标。2016 年 CFFI 国际精酿挑战赛中获奖。2017 年，推出第二款瓶装产品“胶片机牛奶世涛”，这是国内第一款氮气灌装世涛，

3. 以产品多样化与酒具协调搭配为目标。十八号酒馆藏有 400 多款精酿啤酒，店内出售 200 多款全球精酿及新鲜的自酿啤酒，每一款酒都配上了专用的杯子。

4. 工业风装饰风格与体育氛围营造，6 台卫星电视不间断播放各种体育节目。

5. 强调服务和细节。酒吧采用碱性苏打水洗杯，因为啤酒是酸性的，细微之处见用心；要求每个店员强化学习啤酒知识和酒文化，其本人更是可以“蒙着眼睛尝尝味道，就能说出是哪一款酒来”。

6. 建设成为推广啤酒文化的根据地。不定时举办自酿爱好者的聚会交流活动。

二、中国精酿竞争者共性影响

分析中国早期精酿从业者档案，我们可以发现，在精酿行业内，各个公司或企业有许多不同之处，他们的崛起和成功都有各自的特点，但是对于大多数已实现可持续发展的公司来讲，却有一些共同的经验和行为值得借鉴。企业创始人的人生经历、初创时的价值取向、境界品味、思维模式、行为准则都会影响其将这个企业或这个行业带到什么样的高度。

通对深入分析中国早期精酿从业者的经历，我们发现，他们具有的共同特点对中国精酿产生了良性的影响：

1. 海外背景，了解世界各地精酿啤酒的特点和风格。

早期的精酿从业者多有海外生活或工作的经历，如高岩、潘丁浩、银海等人，他们这些人对于精酿在国外的流行和发展情况及精酿啤酒和传统工业啤酒的区别等都多有体会。所以，他们也更加深信精酿未来发展的必然性。

2. 非酒类行业出身，跨界思维不受行业自我思维约束。

早期的精酿从业者大多不是酒类专业出身，如王睿是音乐 DJ，小辫儿是资深设计师。这一点有利有弊。因为非酒类专业出身，其专业性的缺乏导致对产品生产及产品品质的把控，需要更长的时间去摸索，这一点也成为现在中国精酿行业发展的一个较大问题。但非酒类行业出身，也带来了不受行业自我思维约束的跨界思维和创新思维的好处。比如在精酿的发展过程中，跨界传播意识和圈子化口碑营销方法逐渐出现并得以加强。如线上线下、体育、音乐、话剧合作，酒餐场景化理念和产品搭配意识出现，强调服务和细节等营销意识和行动，相比酒类行业的其他品类，精酿行业会较早地出现创新和融合。

3. 专业经历丰富。

早期的精酿从业者有学化学制药、学电子工程、学进出口贸易、学投融资等不同的专业经历，他们有较为严谨的思维和实践训练，对于精酿制造的流程和标准的重要性认同较高，因而更能贴近现代化的企业经营理念。

4. 因热爱而成为职业，动力不断。

早期的精酿从业者开始从事的工作多与精酿行业无关，由于因缘际会，碰撞出对啤酒和精酿啤酒的热爱，因热爱而成为职业，所以自觉推动精酿啤酒行业发展的动力源源不断。这份初心难能可贵，未来精酿行业的多元和健康发展仍将依赖于这种初心。

5. 不断积累经营管理经验。

早期精酿从业者大多从手工自酿的爱好者起家，慢慢了解精酿的工艺和技术流程，并且逐渐建立起小型精酿酒厂，向产业链的上下游拓展经验；从早期的自酿堂喝自我消费到通过瓶装罐装进行市场化销售，再逐步建立起不同的销售体系，如通过线下、线上、餐饮店、连锁超市和便利店直营；从早期的店名意识到后期有了精酿品牌的定位意识。他们逐渐变成推动精酿行业发展，并且懂企业运营的现代企业家。这些人的思维意识和在经营管理、营销方式等方面的成长，会成为决定中国未来精酿行业能否良性发展的关键因素之一。

但是，在和早期精酿从业者的沟通中，站在一个商业观察者的角度，对中国精酿的未来发展我们也不免有一些担心：

早期精酿从业者普遍缺乏在商场上摸爬滚打的经验，离“企业家”和“中国市场”有点远，如果想在商业上有更多的作为，便需要补上这一课。

早期精酿从业者圈子意识较重、精英意识较重，对精酿的评判过于“文化”。精酿如何实现商业和文化的双丰收是个需要平衡的问题。

早期精酿从业者缺乏中国啤酒营销的经验。中国啤酒行业在过去的发展中，有其自身特点，但目前精酿圈参与过传统工业啤酒行业竞争的人并不多。这并不是说一定是个劣势，但需对过往有所了解。

可以说，精酿行业从业者的共性是精酿整个行业面对更强大、资源更丰富的竞争者时的竞争优势，如何有效发挥放大这些优势，对精酿行业的发展至关重要，值得深思。

推动行业发展的要素在不同的行业和行业发展的不同阶段都各不相同。对于传统的啤酒行业来讲，成功的关键是超强的酿酒能力、强大的批发分销商网络和品牌推广能力。而对于精酿的行业发展，有很多问题值得我们去深入探讨：

⊙中国精酿行业的发展驱动力在哪？

⊙中国精酿行业当前所处阶段及发展的关键保障因素是什么？

⊙中国精酿行业未来的发展方向及态势会是怎样？

⊙中国精酿行业成功的关键因素是什么？

⊙目前行业里的竞争者各自面对的问题是什么？

⊙作为行业的竞争参与者又该如何提前布局自身战略？

这些问题便是我们在这本书中要思考和回答的问题。在本章，我们先从中国啤酒行业，主要是和精酿相关的发展呈现的特征入手，探讨啤酒行业里不同的竞争者在面对精酿行业的发展时，存在着哪些问题和困境。

2 风险和机会中的中国精酿

FENGXIAN HE JIHUI ZHONG DE ZHONGGUO JINGNIANG

第一节

中国精酿行业近几年发展的关键词

走过创始期的中国精酿啤酒行业，在近几年的发展中，开始呈现出以下几个特征：

一、高速增长

图 2-1 和图 2-2 体现了近年中国啤酒产量和进口量的变化。

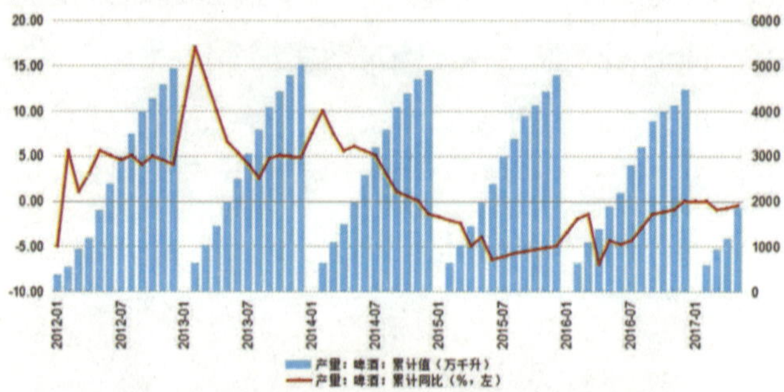

图 2-1　近年来中国啤酒月累计产量及增速曲线

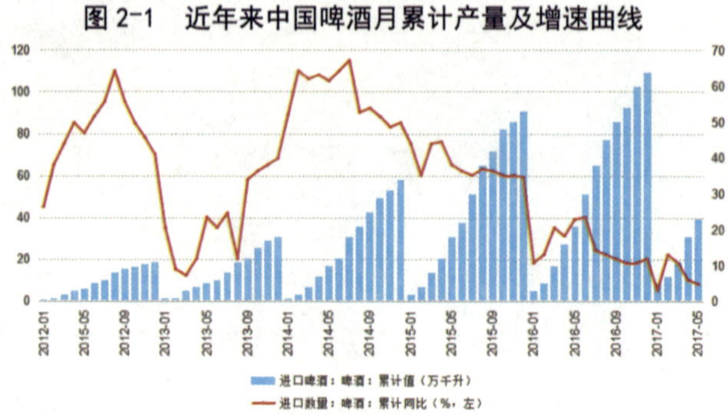

图 2-2　近年来中国进口啤酒量及增速

图片来源：中国产业信息网 http：//www.chyxx.com/industry/201708/554756.html

从 2012 年开始，中国工业啤酒产量连续下滑，尤其是从 2015 年开始，一直保持在负增长的水平；与此同时，多种口味的进口啤酒的进口量不断增长，从 2013 年开始保持高速增长，2014 年每季度的增长水平都超过 100%，2015 年有所放缓，但整年增长仍超过 50%，2016 年增长开始变稳，但是依旧保持正向增长。

中国是世界第一大啤酒生产及消费国，消费了世界近 25% 的啤酒，是排名第二的美国的两倍多。从图 2-1 和图 2-2 的对比中可以看出，大众化口味的工业啤酒被快速增长的多口味进口精酿啤酒蚕食，意味着消费的升级转向，更表明了行业细分市场的变化。尽管从统计数据来看，目前进口啤酒的销量仅仅占中国年度啤酒销量的 1%，但是其增长势头迅猛，如果以成熟的美国市场的工业啤酒和精酿啤酒的比例来看，一般精酿市场趋近 15% 的比例，因此，中国精酿市场还有巨大的增长空间。

二、转型升级

经过多年的规模化扩张之后，中国啤酒行业被五大巨头——雪花、青岛、百威、燕京、嘉士伯垄断的格局已经基本形成。市场容量到达顶点、价格冰点之下盈利能力不足等各大问题让中国啤酒行业疲态尽显。自 2014 年 7 月开始，中国啤酒产量经历 24 个月连续衰减之后，各大啤酒企业也开始积极转型，将战略重点从扩大市场占有率向提升行业盈利水平转变，具体表现为：关停小工厂，优化产能；迎合消费升级推出高端啤酒；完善产业结构，涉水精酿，投入精酿生产线并推出精酿产品，开拓精酿销售渠道；等等。从转型方向上来看，大厂已经开始侵占精酿市场份额。

2016—2017 年百威在中国关停了 8 家工厂（大连、长沙、松江、三明、舟山、沈阳、新乡、洛阳），嘉士伯则在去年一年关闭并处理了中国市场上的 17 家工厂，珠江啤酒也于 2017 年 3 月关闭了生产普通低端瓶装啤酒的汕头工厂，华润啤酒在 2015—2017 年陆续关停了 13 家工厂，2017 年以来燕京啤酒也先后发出几个公告宣布关闭部分工厂。

与此同时，几大啤酒品牌都纷纷推出高端啤酒，以完善产品结构，如图 2-3、图 2-4、图 2-5 所示。

图 2-3　燕京原浆白啤
图片来源：京东商城

*燕京的中高端产品，原浆白啤、鲜啤、纯生等在市场上反响良好。

*2016 年雪花啤酒推出高端啤酒脸谱系列，该系列大量进入商超渠道。

图 2-4　雪花啤酒旗下高端产品——脸谱系列
图片来源：爱啤酒

图 2-5 青岛旗下高端产品奥古特
图片来源：http：//www.haoyingsheng.com/p386.html

*青岛推出多款中高端啤酒：包括鸿运当头系列、奥古特、经典 1903 系列等。

而且，几大啤酒品牌，如图 2-6 的燕京啤酒、图 2-7 的珠江啤酒和图 2-8 的华润雪花啤酒等纷纷涉水精酿，投入精酿生产线并推出精酿产品：

*2013 年，燕京啤酒为精酿啤酒开设了新的生产线，同年 6 月德式小麦白啤酒开始上市进行广泛推广。

2016 年 7 月，燕京桂林漓泉全自动精酿生产线开始投产。

2017 年 6 月，北京国际燕京啤酒文化节上推出包括 IPA 在内的三款上发酵艾尔啤酒。

图 2-6　燕京啤酒的精酿产品

图片来源：http：//m.sohu.com/a/161361270_782465 ? _f=m-article_28_feeds_16

*2016 年，珠江啤酒推出雪堡精酿系列，在 2016 年 CFFI 国际精酿挑战赛中雪堡蔓越莓啤酒斩获金奖，雪堡黑啤酒斩获银奖，雪堡桂花蜂蜜啤酒斩获铜奖。

2017 年在精酿生产线及体验门店建设项目上投资 2.5 亿，在广西、东莞、湛江、湖南建立 4 条精酿生产线。

图 2-7 珠江啤酒旗下精酿啤酒品牌雪堡精酿系列

图片来源：http：//www.t-biao.com/bpdzuofs/foozhhtfihz/

*华润啤酒首席执行官侯孝海表示，公司将侧重于布局精酿啤酒和进口啤酒领域，会考虑那些有助于拓展产品分销渠道，使产品类型多元化的收购标的。

华润旗下的投资公司在做大量的精酿啤酒调研，并和国内一些独立的精酿啤酒有了密切的接触。

图 2-8　华润雪花啤酒 2017 年中期业绩发布会

图片来源：http：//www.sohu.com/a/166391231_280777

几大啤酒品牌商也纷纷着力开拓精酿的销售渠道。

*2015 年底，青岛啤酒旗下的 16 家社区酒吧推出了包括 IPA、世涛在内的精酿酒款，要带领中国消费者走进“大精酿时代”。

图 2-9　青岛啤酒旗下社区小店

图片来源：http：//finance.huanqiu.com/ppgc/2016-05/8952643.html

大厂转型形势之下，精酿行业自身也在不断转型，寻找突围机会。自建或贴牌生产瓶装精酿（图 2–10），试水渠道销售（图 2–9、图 2–11）；品牌意识初现，不仅关注酿酒，也开始关注营销、品牌形象等方面；树立跨界营销意识，各方联动整合资源（图 2–12）。

*斑马精酿进驻黄磊自创品牌黄小厨“noob”市集。

图 2–10　斑马精酿

图片来源：http：//news.hexun.com/2017–08–16/190464559.html

*2017 年 7 月，高大师品牌正式入驻京东，中国精酿品牌开始了线上零售之路。

图 2–11　高大师进驻京东启动仪式

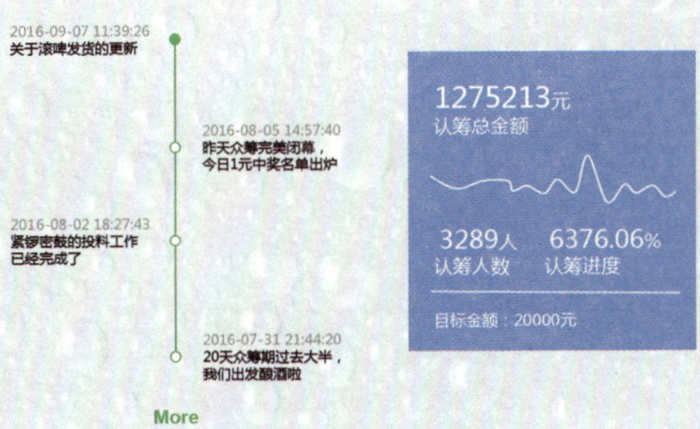

*莱宝李志与赵雷、爽子等音乐人合作，把精酿和独立音乐这两种小众文化融合起来，推出“摇滚有啤气”系列产品和相关活动。

图 2–12　莱宝“摇滚有啤气”众筹状况

图片来源：http：//mp.weixin.qq.com/s/madZcAH24aHcy1l3evxpag

三、资本介入

资本介入对于商业而言是把双刃剑。凭借资本可以加快行业的发展，但新生行业也最终会被资本所裹挟。特别是对一个强调多元化的行业来说，资本的过多介入最终会让行业走向集中。

目前精酿行业的资本介入方式主要是投资和并购两种。在精酿市场相对成熟的国外，并购是常见做法，主要原因是精酿行业的萌芽阶段被大厂忽视，等到大厂想要介入的时候，精酿市场已经被小众品牌瓜分了，所以大厂会选择简单粗暴的收购方式收购精酿品牌。而在精酿初生的中国，目前更多的是投资精酿品牌，如图 2-13 所示，中国精酿行业获投品牌在不断增加。

项目	轮次	融资金额	投资机构
熊猫精酿	Pre-A	2000万人民币	天图资本、智明星通、锤子科技、上海铸山基金
Imbeer（爱啤酒）	天使轮	200万人民币	
酒花儿App	Pre-A	1500万人民币	
熊猫精酿	A轮	1.19亿人民币	华通集团、天图资本、智明星通
斑马精酿	种子轮	/	天使汇、孝昌水木投资
猴子精酿	天使轮	800万人民币	
拳击猫	并购		百威英博
沸雪啤酒	种子轮	130万人民币	个人投资者
高大师	天使轮	/	洪泰基金
莱宝	战略融资	/	华映资本

图 2-13　近年来中国精酿行业获投资状况

*2016 年 3 月，熊猫精酿获得 2000 万投资，中国精酿开始进入资本时代，2017 年 5 月，熊猫精酿再获 1.19 亿投资。

2016 年 6 月，Imbeer 获得 200 万元天使轮融资；

2016 年 10 月，酒花儿 App 宣布获得 1500 万 Pre-A 轮融资。

在被称为资本寒冬的近两年，精酿成为资本追逐的热点。

同时百威也迈出收购步伐，自 2011 年起，百威就在全世界开启了不断并购之路，到目前已经有超 20 家精酿酒厂被收入百威麾下，如图 2-14 所示。未来百威或许会以收购为主，继续在精酿行业的扩张。

年份	被收购品牌或酒厂	交易价格
2011	美国Goose Island鹅岛	3880万美元
2014	美国Blue Point	2400万美元
2014	美国10 Barrel	2500万美元
2015	美国Elysian	/
2015	美国Golden Road	/
2015	美国Breckenridge	/
2015	美国Four Peaks	/
2015	加拿大Mill Street	/
2015	英国Camden Tow	/
2015	墨西哥Cerveceria Mexicana	/
2015	墨西哥Cerveceria Tijuana	/
2015	哥伦比亚Bogota Beer Company	/
2015	巴西Wäls and Colorado	/
2016	比利时Brouwerij Bosteels	2.25亿美元
2016	美国Devil's Backbone	/
2016	美国Karbach	/
2016	意大利Birra del Borgo	/
2016	加拿大Archilbald	/
2016	西班牙La Virgen	/
2017	中国拳击猫	/
2017	美国Wicked Weed	/

图 2-14　2011 年—2017 年百威并购的精酿酒厂

图片来源：https：//wenku.baidu.com/view/719a5c6659fb770bf78a6529647d27284a733746.html

对于精酿行业来说，资本的介入迅速推动行业的发展，扩大了行业的整体规模，普及了精酿的概念，然而对于精酿这样的新生行业，资本的介入无疑让行业的竞争迅速分化，提高了行业的进入门槛，也提早对行业进行了洗牌。

四、渠道开拓

对于传统的啤酒行业而言，渠道便是阵地和战场。但对精酿行业而言，如何去寻找自己的阵地，如何攻入既有的阵地，如何去开创新的阵地，便是重中之重任务。

目前精酿行业渠道竞争者主要来自于大厂介入和精酿品牌。

大厂介入精酿渠道开拓的如自建啤酒屋或进驻便利店。如图 2-15 和图 2-16 所示。

图 2-15 青岛原醇小站

图 2-16 便利店进驻扎啤机模式

*2016 年，以青岛原浆小站为首的啤酒外带屋的商业模式出现。
青岛不仅自建渠道，还进驻其他便利店，提供专供打包啤酒的扎啤机。
啤酒打包业务的出现使啤酒消费场景不再局限于餐饮和酒吧，
为中国啤酒开拓了新的渠道。

精酿品牌渠道开拓自2013年开始，从酒吧自酿到自建小型精酿工厂扩大产量，进入流通以后开始积极开拓各种销售渠道。

1. 自建酒吧自我消化。

早期的精酿品牌纷纷选择了自建酒吧，或以酒＋餐的形式销售产品。这些酒吧成为精酿行业的“朝圣”之地。高大师、熊猫（图2-17）、丰收道酿（图2-18）、莱宝、牛啤堂（图2-19）、十八号酒馆，喜欢或初次接触精酿的人可能都听说过上述精酿酒吧的名字。但这些酒吧后期的扩张性运营却成为一个问题。

图2-17　熊猫精酿北京店

图片来源：http://mp.weixin.qq.com/s/QxDoopM5qw-VgybJx2go4g

图 2-18　道酿北京店

图片来源：http：//mp.weixin.qq.com/s/or_QvXAc7NHMxpkFBTDWbA

图 2-19　牛啤堂五棵松店

图片来源：http：//mp.weixin.qq.com/s/ll6SWxFza4A7AVLtTJCG5A

2. 直接分销各地酒吧渠道。

除了自建酒吧外，精酿品牌也选择了分销渠道，如熊猫精酿、丰收道酿、京 A 纷纷进入各个城市的其他酒吧（图 2-20）。但由于酒吧数量有限，销售渠道的竞争也更为激烈。

图 2-20　杭州“无为”酒吧售卖“京 A”旗下生啤

3. 铺货实体便利店和超市。

精酿走出自身圈子，飞进“寻常百姓家”，超市的渠道无疑是一个宽广的市场。高大师、熊猫自 2013 年起就试水便利店和超市销售（图 2–21），但进入超市渠道同样面临两个问题：一是在自身精酿不构成品牌的情况下，如何进入商超？二是进入商超后，面对强大的传统工业啤酒、进口啤酒，如何动销？

高大师精酿啤酒

187 文章　30万 总阅读

查看TA的文章>

高大师啤酒进入这些城市的800家连锁超市！

2017-05-29 21:18　啤酒

自2013年上市以来，婴儿肥就是无数人初识精酿的渠道，每年因其掉入中国精酿大坑的人不胜枚举。

2017年高大师再次发力，凭借成熟的技术和强大的市场推广能力，大规模进军全国各地的零售系统，我们将中国精酿啤酒的标志性的产品带进了“寻常百姓家”，中国精酿从此触手可及。

图 2-21　高大师进驻国内多家连锁超市

图片来源：http：//www.sohu.com/a/144504740_374847

4. 进入传统餐饮行业，定位高端餐饮（图 2-22）。

餐饮渠道向来是啤酒销售的重中之重。但中国餐饮行业向来实行垄断式的“买店制”，而且酒水向来是餐饮行业的利润大头。所以用什么产品去敲开传统餐饮行业的大门，让传统行业在酒水上有新的利益增长是精酿品牌走传统餐饮行业急需探究的问题。

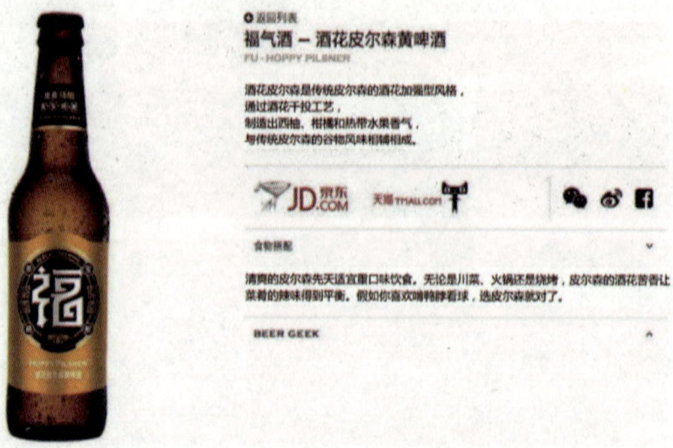

图 2-22　莱宝为餐饮行业推出“囍、福、發”系列

图片来源：http：//mp.weixin.qq.com/s/Pn34o10rfNY22L_LaQQkqA

5. 生啤打包外带模式，进入外送平台渠道。

既然进入传统餐饮渠道很难，精酿行业也开始了自创渠道。比如精酿外带打包模式、精酿自助模式等。如图 2-23 所示。

图 2-23　常州啤加满店铺

6. 进驻线上零售超市，打开线上渠道。

在线上零售占比越来越高的今天，越来越多的精酿品牌开始进入线上。不论是自开淘宝店，线上分销，进入京东、亚马逊这样的电商平台，还是进入行业垂直平台网站，精酿行业一直在努力试水。如图 2–24 所示。

图 2–24　京东超市国产精酿商品

图片来源：京东商城

五、外商布局

作为世界上最大的啤酒市场，中国精酿市场一出现就受到各方关注，很多国外精酿品牌通过各种贸易商漂洋过海来到中国，有些品牌直接选择在中国落地生根，将国外成熟的运营经验引入中国，希望在中国精酿市场分一杯羹。

2016 年，百威成立了亚太区颠覆性增长部门创新事业部，负责在全球范围内为百威英博搜罗并投资或者购买小众的精酿啤酒品牌。“创新事业部”这个精确的命名，可以看出百威深耕精酿行业的决心和创新意识。目前百威在上海至少拥有 8 家酒吧，即 3 家拳击猫及同一个团队创立的 Liquid Laundry，3 家开巴，1 家鹅岛，如图 2–25、图 2–26 所示。

*2017 年 2 月开业的鹅岛精酿啤酒，在这家自营啤酒吧里实践了“以啤酒为中心”的啤酒配餐理念。

图 2-25　鹅岛精酿酒吧

图片来源：公众号“鹅岛精酿啤酒”

图 2-26　拳击猫官网宣布被收购新闻

图片来源：拳击猫官网

*2017 年 3 月，百威收购上海老牌精酿酒厂拳击猫。

除了引入鹅岛品牌及抢占终端渠道，百威还通过自己的影响力与其他行业跨界合作，在营销上试图让精酿和啤酒佐餐的概念深入大众，如推出首个线下“啤酒择学课”（图 2-27）。

图 2-27　百威英博快闪课堂——啤酒择学课

图片来源：http：//www.anyv.net/index.php/article-1831923

* 百威英博联合知乎、黄小厨在博世家电北京创意体验中心共同推出中国首个线下啤酒佐餐体验式快闪课堂——啤酒择学课，让用户共同参与体验用啤酒原料大麦制作佐酒甜品。

六、国际接轨

在前面的篇幅里我们已经介绍过，中国精酿本身是舶来品，中国精酿是在学习西方精酿这一新事物的基础上发展起来的。其发展渊源和发展历史都表明中国精酿与西方的天然联系。中国精酿在现阶段借鉴国际和接轨国际对正处于初期发展中的中国精酿意义重大。精酿行业与国际接轨的目的，一是可以提升精酿品质，二是可以提升精酿品牌形象。精酿行业如果从一开始就站在了一个全球竞争基础和平台上，会使行业发展站在更高起点上去思考和竞争。

目前中国精酿行业国际接轨的表现形式多种多样。

1. 2016 年，冠以各种国际与全国头衔的展会与比赛纷呈。

图 2-28 中国国际精酿啤酒会议暨展览会
图片来源：公众号“喜啤士 BeerLink”

图 2-29 中国国际精酿啤酒嘉年华

图 2-30 “塔罗斯 - 大师杯”全国家酿啤酒大奖赛

图 2-31　中国国际精酿啤酒展

图片来源：公众号“中轻 CBB”

图 2-32　上海国际啤酒节

图片来源：公众号“拳击猫”

2. 中国酿酒师积极和国外精酿品牌合作，推出合酿酒款。

*2016 年，成都丰收酒厂王睿和神话 Epic 合酿竹叶 IPA，全球限量供应 1500L。

图 2-33 竹叶 IPA 发售海报

图片来源：公众号“106BeerPub”

*熊猫精酿与纽约 Empire 深度合作酿造“Kuding-ta IPA”——苦丁 IPA。

图 2-34 熊猫“苦丁 IPA”

图片来源：京东

*2017 年 11 月，来自中国和北美的总计 16 家精酿酒厂共同开启了八乘八酿造计划。每一年，“八乘八”酿造将来自大中华地区的八家精酿酒坊与来自海外指定地区的八家酒坊一对一配对，每对组合都会合作酿制一款精酿啤酒。

图 2-35　八乘八酿造计划配对名单

图片来源：http：//mp.weixin.qq.com/s/MXrq7jon4WvKKD7iyNuk6w

3. 引入国际化的评判标准。

2015 年，啤博士将国际权威的啤酒品酒师资格认证考试 BJCP(Beer Judge Certificate Program）全套引进中国（图 2-36），并且举办了中国首次 BJCP 线下考试，至此中国精酿啤酒比赛有了国际化标准。

1985 年创建于美国的啤酒品酒师资格认证考试（BJCP）已有 30 多年历史，其宗旨一是推广与传播啤酒相关的各类知识与文化，提升大众对啤酒的认知、品酒和评估水平；二是创造一个规范的啤酒行业评价程序，引导啤酒爱好者正确评价及饮用啤酒，便于对这些酒类进行排名和评比；三是为这个行业提供大量专业评审人才，为酿酒商提供正确的信息反馈。截至 2015 年 11 月初，BJCP 拥有 5579 名活跃的有品酒师资格的会员，其中 801 名品酒师拥有国家级及以上资格，所有成员总共鉴定过 100 多万款啤酒，服务过世界各地举办的 6784 次啤酒大赛。

图 2-36　啤博士官网引进啤酒品酒师认证系统（BJCP）新闻

图片来源：啤博士官网

> 2015 年，啤博士将国际权威的啤酒品酒师资格认证考试（BJCP）全套引进中国，并且举办了中国首次 BJCP 线下考试，至此，中国精酿啤酒比赛鉴别才有了国际化标准。

七、瓶装凸显

精酿的包装方式有三种：一是瓶装，二是易拉罐，三是啤酒分发设备的新鲜扎啤。当然现在随着观念和技术的创新，也出现了新的啤酒包装方式，如大空桶。

早期的精酿啤酒更强调自酿堂喝，所以设备分发的新鲜扎啤是主要形式，而瓶装化使精酿饮用方式不受场地约束得以扩展。如图 2-37、图 2-38 所示。时空界限的突破也便于精酿业务的延伸。

图 2-37 国内主要精酿品牌瓶装啤酒

*2013 年，仅有高大师、熊猫、莱宝等少数品牌罐装出售瓶装啤酒。

*2016 年至今，阵营不断扩大，牛啤堂、丰收、十八号酒馆、蜂狂、老饕、始觉、过山车、优布劳等加入，意味着中国精酿探索出了从设计配方到代工酿造到销售的可行性方案，为进入市场奠定了基础。

图 2-38 不断扩大的瓶装精酿阵容

图片来源：淘宝网

从以上的现象和事件，我们可以看出：

精酿行业经历过最初的萌芽期，开始进入成长期，但精酿行业未来的发展仍有很大的不确定性，特别是在中国，一个新兴行业，往往很容易在短时间内涌现太多竞争对手，破坏行业规则，从而影响行业未来可持续发展。在当前阶段，如何制订好规则，如何让精酿行业走上一条健康的可持续发展道路，显得尤为迫切。

第二节 中国精酿行业竞争版图

2016 年是中国精酿爆发式发展的一年。一方面，展会赛事纷呈热闹，行业新品牌不断涌现，精酿行业努力自我蜕变升华；另一方面，资本市场虎视眈眈，中外大鳄攻城略地精酿行业。

2017 年是精酿行业爆发后的理性回归之年。行业内外面对空间狭窄的精酿市场，如何把酿好的酒很好地卖出去成为大家焦虑的焦点。产品品质的开发把控、市场渠道的拓展管理、针对消费者的场景营销策略、上下游产业链的协调发力、品牌影响力塑造、更专业化的运营、管理人才的培育及与国外大鳄的竞争等，让人不禁追问精酿行业的机会到底在哪里？

喧嚣热闹后的冷静和回归，有助于能量聚集后的爆发。

中国精酿行业还在初步成长时期，就遇见其他行业在成熟期才出现的竞争态势，本应在产品、渠道等充分竞争后才出现的品牌、资本的竞争，过早介入了尚未成熟的精酿行业，行业级、市场级、行内的大佬和后起者、行外的资本侧等纷纷加入，使得精酿行业竞争显得异常激烈。身处这个行业，每一个阵营的竞争者都有自身面临的问题和困境。

一、中国精酿竞争阵营

目前竞争阵营大致分为三类，以各自的特点、优势和领域瓜分现有阵地，如表 2-1 所示。

表 2-1 中国精酿竞争阵营对比表

第一阵营	品牌	优势	缺点
国内外大型啤酒品牌	百威、雪花、青岛等	· 品牌知名度高 · 资本实力雄厚 · 收购精酿品牌迅速扩张 · 自建生产线，量产保障 · 渠道成熟	· 以传统啤酒渠道为主 · 对精酿消费者需求把握不准 · 精酿场景营销研究不深 · 批量生产易导致精酿特性流失 · 体制决定转型不易
进口精酿啤酒品牌（品牌直营）	鹅岛	· 世界级啤酒商强势影响力 · 品牌知名度很高 · 消费者认知度强 · 场景化营销意识强烈 · 成熟而专业的运作团队和经验	· 对中国饮酒文化的了解和消解 · 消费者精酿文化培育须待时日 · 直营点的拓展选择不易
第二阵营	**品牌**	**优势**	**缺点**
中国精酿大佬品牌	高大师、熊猫、莱宝、京·A 等	· 最早建立的精酿品牌 · 圈内知名度较高	· 渠道开拓较难 · 生产流通等法律法规限制较多 · 专业的市场运营和品牌管理欠缺
进口精酿啤酒品牌（经销商引进）	智美、罗斯福、酿酒狗、林德曼等	· 酒吧渠道开拓较深 · 绝高的口感品质 · 精酿消费者中知名度较高	· 价格体系混乱 · 渠道狭窄，一般在瓶子店销售为主
国内中小型啤酒企业品牌	珠江、燕京千岛湖啤酒	· 有一定的品牌知名度 · 借力于原有渠道开拓	· 口感品质单一 · 对精酿消费者需求理解不够深 · 原有渠道不适应精酿营销市场
第三阵营	**品牌**	**优势**	**缺点**
区域性精酿品牌	Taste Room 十八号酒馆	· 明确的品牌调性 · 主打地域文化或小众文化	· 面临产品品控和生产资质问题 · 创业者资金不足 · 区域性限制明显
小型精酿品牌	众多自酿自有品牌	· 多样风格尝试	· 定位不清晰 · 跟风明显 · 面临产品品控和生产资质问题 · 渠道受限

发展快速、不断创新的背后，是精酿行业的各种问题和困局。前景不明、定义不清、各方势力相互胶着，可以说不论是新兴的精酿品牌，还是传统的大型啤酒厂商，在面对精酿市场时，都面临着上述一定的问题和困局。

二、精酿行业面对的共同困局

困局一：法律政策的限制，导致精酿啤酒在瓶装上遭遇困难，多样化精酿风格难以出现

1. 缺乏相应的政策法规。

中国目前没有相应的关于精酿啤酒厂管制的政策法规，对小型精酿啤酒厂和大型工业啤酒厂的要求不一致，导致中国精酿品牌在瓶装上遭遇困难。

2. 缺乏相应的中国精酿生产标准。

由于没有相应的中国精酿生产标准，用传统工业化啤酒生产标准限定精酿，使精酿产品多样化风格受到很大的限制，导致进口精酿啤酒抢占国内精酿市场。例如，国内精酿啤酒流行的浑浊 IPA，以我们国家的酵母标准来看就是酵母超标，在国内不允许酿造，却允许进口销售。

困局二：产品品质缺陷导致国产精酿在其他进口精酿面前缺乏竞争力

国产精酿产品品质问题表现在：

1. 风味缺陷。

2016 年 CFFI 精酿啤酒挑战赛的评选标准之一就是，如果你的酒没有缺陷，又能满足啤酒的基本风格要求，都是可以进入复赛的。如果没有进入复赛，那说明啤酒都是有一定的缺陷。

2. 品质不稳定。

国内精酿啤酒品质不稳定不仅表现在各批次酿造风味上时有不同，甚至在色泽上，同一款酒的不同批次会出现颜色深浅不一的情况。

造成产品品质不稳的原因有：

1. 啤酒酿造院校教育课程以工业酿造为主，而家酿爱好者又没有专业学习的途径，导致精酿行业人才匮乏。

目前各大啤酒酿造院校的教育课程以工业啤酒酿造为主，而且这些院校毕业后的人才大部分进入了各个工业酒厂任职，留给精酿的人才不多；而一些半路出家的精酿爱好者想要学习和成长却苦于没有途径，因为目前国内关于精酿酿造的书籍和文献资料很少，想要学习就必须自己研究国外的书籍或者花钱请国外的专家翻译。除了书本学习，精酿酿造还是一门实践的学问，需要有专门的场所提供实践机会，目前这种人才培养的基地不多。因为不管是专业的还是业余学习的实践途径不多，所以精酿人才的培养受到了限制。

2. 行业内缺乏交流的平台，导致行业内徒有交流意识却无交流平台。

中国精酿行业从业者都有不错的分享意识和意愿，大多数人都愿意将自己的技术和经验分享给其他人。目前有分享意识但是缺少交流行动的根源在于缺少交流的组织和平台。就像丰收酒厂的创始人王睿说的："目前国内的经验和技术封闭主要是因为缺乏组织和平台，我接触的很多国内酿造师都是有共享的理念的，但私下里共享很难做到，毕竟大家都很忙。"缺少行业组织和交流平台，限制了经验、信息的流动，也限制了精酿行业的发展。

困局三：精酿尚未形成完整成熟的产业链，影响了精酿行业的集群效应和品牌影响力

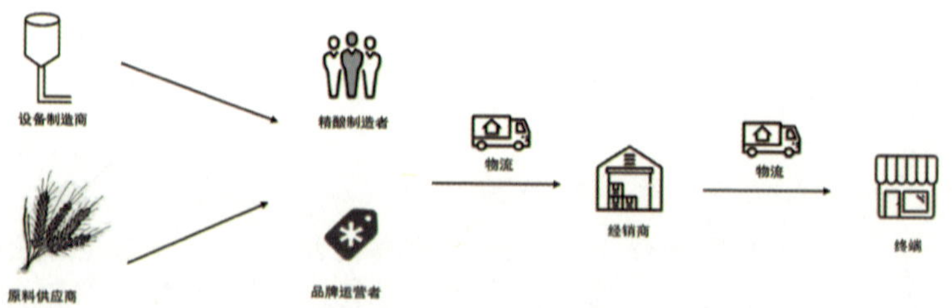

图 2-39 精酿产业链图

精酿行业的产业链以精酿制造者为核心，向上要有设备制造商和原料供应商的支撑，向下要有品牌运营商和各类各级经销商的连接，才能将产品最终送达消费者终端。在这一链条上，每一部分的改变，都会导致最终产品的呈现存在差异。我们以精酿啤酒酿造的原料为例（图 2-40）。

图 2-40 精酿啤酒四种基本原料图

酿造精酿啤酒有四种基本原料，即水、啤酒花、麦芽、酵母。另外还有增加风味的各种原料，如糖浆、各种新鲜度高的水果、香料、花等。

以啤酒花为例，我国大面积种植的啤酒花只有3—4种，以满足大型工业啤酒厂的需求为主；在美国常见的啤酒花超过12种。如表2-2所示。所以国内精酿啤酒多样酒花的需求只能依赖进口。

表2-2 中美精酿啤酒原料对比

中美精酿啤酒原料对比		
	国内	美国
啤酒花	3—4种	超过12种
麦芽	以美式淡拉格啤酒麦芽及小麦麦芽为主	特种麦芽满足精酿啤酒不同风味需求

再以麦芽为例，中国国内三大麦芽产区都以工业麦芽为主，也是以满足大型工业啤酒厂的需求为主，产品单一。很多不同风格的精酿啤酒需要特种麦芽，国内很难在这一点上满足精酿的需求。

可见，未能形成强有力的原料供应链，导致产品单一，进一步影响了精酿行业整体效应发挥。

困局四：啤酒消费场景文化的缺失，导致精酿啤酒消费市场受限

1. 缺乏文化根基。

啤酒是外来文化，缺乏白酒或黄酒文化的民族根基，市场和消费者对精酿文化的认识有限。

2. 缺乏对精酿精细化的认同。

工业啤酒的长期影响使消费者对啤酒的概念停留在豪饮阶段，无法达到精酿品尝的精细化阶段。

3. 缺乏精酿消费场所。

没有大量西方传统的精酿啤酒的酒馆、酒吧等消费场所，限制了精酿文化传播。

4. 小众化消费的局限性。

过去中国经济发展限制了分层消费阶层的出现，精酿作为小众化消费受到了限制。

三、传统啤酒品牌转型精酿的困局

在传统工业啤酒销量日渐下滑的背景下，传统啤酒品牌厂商也开始进军精酿。但转型向来不是件易事。对于传统啤酒品牌来说，转型精酿行业，面临着几大困局：

困局一：大型企业的规模和体制因素导致传统大厂转型困难

大型啤酒企业具有完善的组织系统，机制里的每一个人都如同一颗螺丝钉，分工越来越细、流程越来越复杂，内耗很大。这样的成熟架构下，任何一个创新想法的付诸实行都需要层层审批，任何一个层面的阻碍都会导致创新改革最后的流产。由传统的工业啤酒向小众的精酿啤酒转向，不仅需要创新的意识和决心，更需要组织结构的协调和匹配，机制是否灵活，将深刻影响转型能否成功。

困局二：企业员工在理念、创新意识及精酿知识上都不能满足精酿行业的需求

传统啤酒企业员工在工业啤酒发展几十年间，对传统啤酒十分熟悉和理解，面对具有个性化风格，多国文化背景和多元饮酒方式的精酿啤酒，很难在短时间内跳出固化的思维去接受精酿的理念，况且在完善的组织架构下，人的创新性很容易被限制。

困局三：大规模销售模式和小规模、多元文化之间的冲突

传统啤酒的销售模式是经销商开发、买店，其最大的特点是大规模、工业化、可复制性，这和精酿啤酒的小规模、手工艺化、多元文化等特点形成了较大的冲突。

困局四：消费群体变化导致品牌沟通和体验上的困难

传统啤酒品牌的低端产品决定了消费人群的大众化，所以传统啤酒品牌与消费者的沟通是以广告投放和公关活动为主的传播，集中在传递大众欢乐感上，占领消费者心智。而精酿啤酒针对的是小众消费群体和多元文化的消费体验，因此品牌沟通方式和消费者体验传达的方法渠道会完全不同。

四、新兴精酿品牌面临的共同困局

困局一：中外啤酒巨头染指精酿市场，精酿行业受到双面夹击

1. 从 2016 年开始，华润、青啤、燕京、珠江等开始集体转向，投资精酿产品生产线，拓展精酿售卖模式。

（1）青岛啤酒推出了 IPA 和经典 1903 魔兽啤酒。

（2）青岛啤酒在全国开设原醇小站，圈占精酿啤酒外带模式，改变了原有的精酿啤酒酒吧、餐吧的销售渠道。

（3）燕京啤酒推出鲜啤和原浆白啤。

（4）华润推出雪花脸谱。

（5）珠江啤酒专门开设精酿啤酒生产线，连续推出多款精酿啤酒产品。

（6）珠江啤酒在广州建设精酿啤酒体验中心，采用“前店后厂”的运营模式，开展精酿啤酒与餐饮结合业务。

2. 从 2016 年开始，百威英博、鹅岛强势收购或自营精酿，打破进口啤酒销售代理模式，直接试水中国精酿市场。

（1）2016 年鹅岛在上海建立了第一家酒吧餐厅。线上开通微信公众号，线下与本地艺术家合作，出席各地啤酒节，强势而专业地推广品牌形象。

（2）2017 年，百威英博全资收购上海拳击猫精酿酒厂，百威英博在上海至少拥有 8 家酒吧。

困局二：精酿定义不清，导致大厂无界限强食精酿行业生存空间

在美国，对于精酿啤酒厂有清晰的定义：

1. 产量小。

年产量小于 600 万桶（95.388 万吨），生产的啤酒用于商业交易。

2. 拥有自主权。

非精酿酿造者或公司机构所占股份不能超过 25%。

3. 传统性。

酿造者所酿造的大部分啤酒的风味都应该是从传统的或者创新的原料与发酵工艺中获得。

在中国没有明确的精酿啤酒或者精酿啤酒厂的定义，导致消费者对精酿的理解不清，非精酿可以混精酿市场；大厂长期的品牌固化形象使消费者更易于接受大厂精酿产品，小众的精酿品牌需要品牌确立和接受时间；大厂凭借多年的渠道耕耘，可以迅速借渠道之力让他们的精酿走到消费者面前，小众的精酿渠道需要建设和拓展；大厂依据设备和生产量可以有效控制成本，产品占据价格上的优势，小众的精酿由于产量限制，产品价格不占市场优势。

困局三：自我固化在圈子里，人为限制了精酿市场的开拓

精酿最初在中国的发展是因为受到了极少数爱好者的推动。因爱好进入一个行业，成为一种商业行为，其中的跨度很大。在这种转变中，旧有的思维方式和圈子习惯会深深地影响行业现状。在每年精酿啤酒节上你可以看到参与者基本上是精酿圈里的老面孔，新人及消费者参与度很低。

而且精酿现在成为一种商业行为，最需要市场的普及推广，培育一定量的消费者，然而我们看到的是精酿在传播上过分宣扬精酿的专业感，高冷、炫酷的形象感无形中拉大了与消费者的心理距离，提高了消费者接触精酿的门槛。

困局四：精酿经营者缺乏资金投入，限制了生产规模、营销渠道的拓展及品牌建设和消费者体验打造

精酿目前的竞争已经从单纯产品的竞争转变为资本和品牌的竞争。很多精酿从业者都是从爱好开始转投这个行业的，早期的原始积累并不丰富。作为创业者，精酿从业者遇到的最大问题就是资金问题。而精酿行业属于前期投入相对来说较大的行业，他们的渠道业态不管是餐饮还是自酿酒吧，在酿造设备、分发设备上和店面上的资金投入需求很大。

当局者迷，企业身处激烈竞争的行业中反而容易迷失方向，看不清问题所在。发现问题才能解决问题，精酿从业者不仅需要意识到自身的问题，更要了解竞争对手的问题所在，为自己开辟生存空间。发现问题不易，解决问题更难。追本溯源，站在更高的行业角度，从中国整个啤酒行业的发展脉络来看精酿行业的现状和发展，或许我们对精酿的出现和发展会理解得更深刻。

3 向前看，中国啤酒行业发展借鉴

XIANGQIANKAN ZHONGGUO PIJIUHANGYEFAZHANJIEJIAN

行业的演变和发展趋势在很大程度上取决于社会文化需求、技术可能及行业资源的竞争机会的发现。短短几年间，中国精酿从初生萌芽到残酷厮杀再到死伤无数，其过程纷争不断，恩怨难尽。但任何行业都将落地生根，任何行业最终都将形成相对稳定的格局。要想在行业的大浪淘沙中不被冲走，我们需要用未来思考现在，思考我们当下应该做什么。只有了解中国精酿未来的格局才能明白我们生存的空间和存在的价值。

精酿的未来会是何种格局？相对稳定的市场状态又是如何？在第三章和第四章，我们希望从中国啤酒行业发展的历史和国外精酿的发展历史中寻找到一些答案。

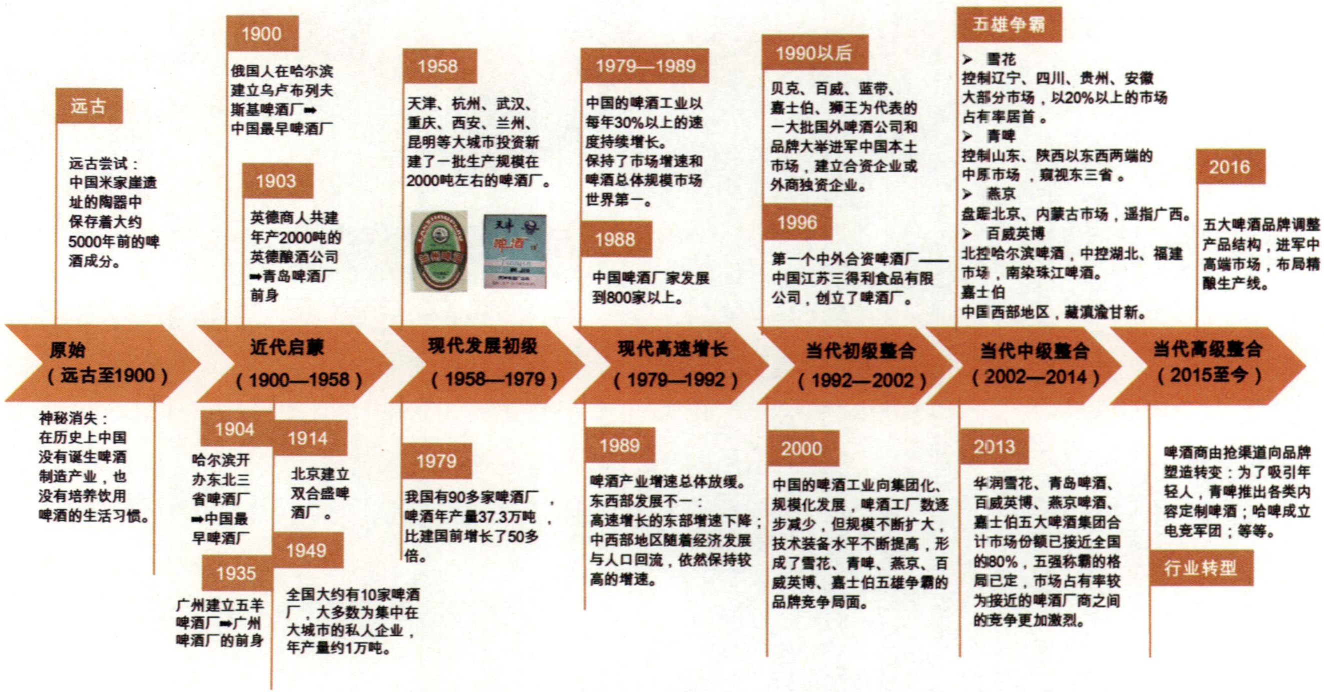

图 3-1　中国啤酒行业演变时间轴

2016年5月，美国斯坦福大学、陕西省考古研究院等多家单位的相关科研人员联合公布了一项名为《揭示五千年前中国啤酒酿造配方》的最新研究成果，揭示了中国人至迟在5000多年前就已经掌握了啤酒酿造的技艺。科研人员通过对位于西安市东郊米家崖遗址灰坑H82和H78出土的疑似酒器的陶器器物内壁残留物进行了系统分析，得出了上述结果。

这个研究成果，虽然让中国人和啤酒的渊源一下子上溯了好几千年，但是在历史上，中国并没有诞生啤酒制造产业，也没有培养饮用啤酒的生活习惯。啤酒在中国没有孕育成天然的文化基因和文化底蕴，只有在特别的季节，如夏季，特别的场合，如烧烤、海鲜排档、酒吧等地方才会进入中国人的日常选择清单。

从1900年俄国人在哈尔滨建立中国最早的啤酒厂——乌卢布列夫斯基啤酒厂开始，现代意义上的啤酒才在中国真正开始发展。纵观100多年的发展历史，我们可以看出几个特征：

1. 啤酒虽然是舶来品，但是在中国100多年的发展中，啤酒获得了飞速发展，喝啤酒也逐渐成为中国人的生活习惯。

1988年中国工业啤酒800多家的规模足以证明啤酒已经成为中国人生活的一部分，啤酒在中国成为有着和白酒一样广泛市场基础的行业。现在精酿啤酒进入中国并不见得会“水土不服”，它也将逐渐成为一种中国人的常态选择，这将预示着精酿啤酒在中国还会有一个高速的增长期。

2. 我们可以发现，中国啤酒市场经历了一个典型的“分—合”阶段。

从800多家发展到五雄争霸，品牌集中度和市场集中度越来越高。但随着精酿进入市场，啤酒行业是继续向“合”迈进，还是再走向“分”？“合”在哪？“分”又在哪？

3. 中国啤酒行业的另一个典型特征是外资的介入。

纵观世界啤酒行业的发展，资本一直都是主角。全球最大的啤酒厂商百威英博的发展史几乎就是一部商业并购史。当然，其中最重要的角色就是3G资本和巴西三剑客。2004年，巴西三剑客成立了3G资本，花了110亿美元收购比利时Interbrew（英特布鲁），与安贝夫合并成立了InBev集团。2008年，520亿美元收购美国Anheuser-Busch（安海希－布希）公司，也就是百威啤酒的母公司，这是史上最大的全现金并购案。2012年，收购了墨西哥的科罗娜Corona，2016年收购了全球第二大啤酒公司南非的米勒。这些收购仅仅是啤酒收购史上的冰山一角。但从中可以看出，资本在啤酒行业的发展过程中一直占据主角。

事实上，从中国啤酒行业的发展来看，我们也能看出影响中国啤酒行业竞争的关键点。

第一节 驱动、影响中国啤酒行业竞争的关键点

一、品牌

在一个行业或企业的发展过程中，不同阶段的竞争战略是不一样的。如迈克尔·波特所说，要么总成本领先战略，要么差异化战略或目标聚焦战略。

在中国啤酒行业发展的初级和高速发展阶段，啤酒行业基本上

是总成本领先战略。积极建立起高效的规模化生产设施，凭借人力资源要素及生产资料要素的低廉、成本和管理费用的控制迅速走向规模化。中国的啤酒工业以每年 30% 以上的增长率持续增长，至 1989 年，市场增速和啤酒总体规模实现世界第一。

在当代初级和中级整合阶段，啤酒行业基本上流行差异化战略和目标聚焦战略。利用品牌战略、区域渠道网络和渠道之间的高度合作，加上资本的强势介入，拉动啤酒行业的扩张冲动，最终使五大巨头奠定了垄断地位。

从规模竞争到市场份额竞争，再到利润的竞争，是啤酒企业走过的品牌化之路。

以五大巨头之一的雪花啤酒为例。

华润雪花之所以能成为最具品牌竞争力的啤酒品牌，是因其在 1992 年时，抓住了塑造差异化品牌能力这一因子。在雪花的国内主力市场分布上基本看不到以地区区分市场了，它凭借自己个性化的大品牌战略进入了几乎每一个没有深厚品牌底蕴的省份。

华润雪花啤酒的品牌创建之路（图 3-2）成功的关键在于：

大品牌战略——统一品牌管理：

在不断地并购和收购整合中，不再延续使用被收购企业的品牌，而是统一为雪花品牌，做强做大品牌的社会影响力。

精准品牌定位——建立品牌影响力：

在 2002 年其他啤酒品牌还在抢占市场份额的阶段，雪花就明确了要打造个性化品牌的目标，如：2004 年联合科特勒营销集团开始品牌创建之路；2005 年明确“勇闯天涯”的年轻化、勇敢探索的品牌形象，之后的一系列营销活动都没有偏离这一品牌定位。

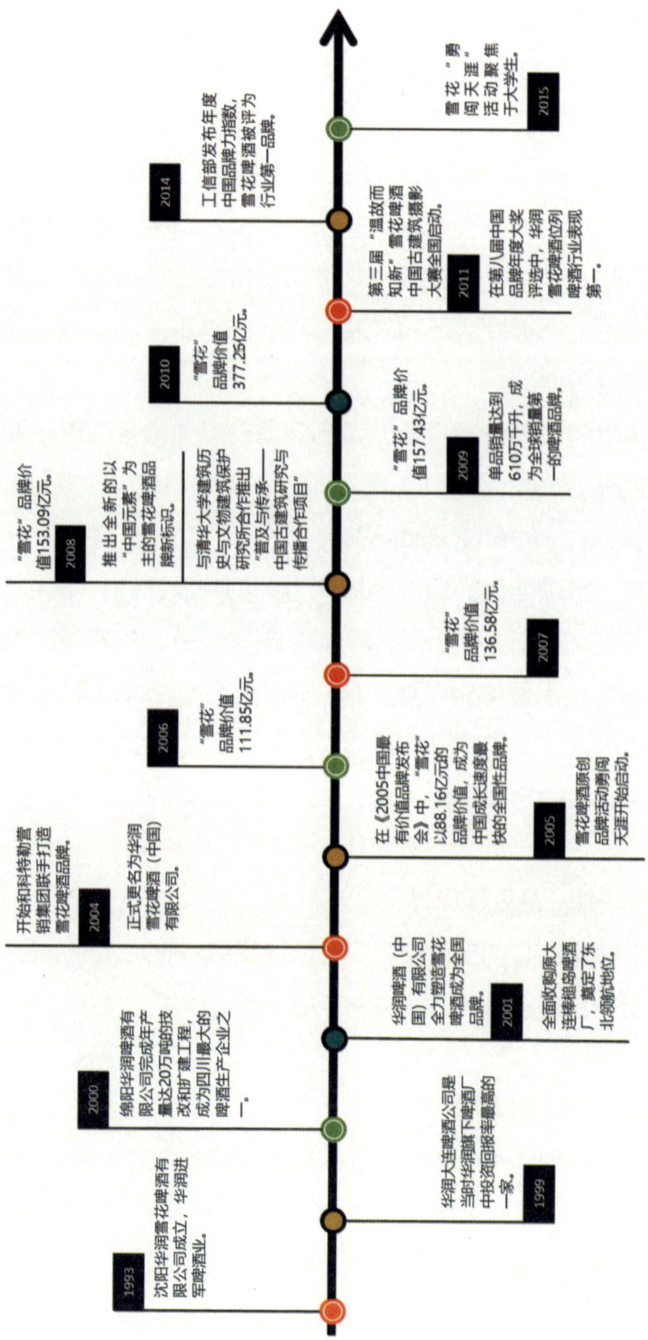

图 3-2　雪花啤酒品牌创建之路

全国性品牌管理——统一内部管理：

统一的人力资源管理、统一的采购管理、统一的市场品牌管理、统一的品质管理及统一的现金管理等，控制企业成本，从内而外塑造统一的雪花啤酒品牌形象。

独特社会情感性的品牌营销方式——传递品牌价值观：

基于年轻人群的态度和精神，创办系列“勇闯天涯”摄影活动；基于追求态度与生活方式的消费升级趋势，创新“匠心营造”的系列主题表达……一系列既围绕雪花“勇闯天涯”品牌主张，又符合社会消费结构的营销活动，激发了雪花在消费者心中的感召力和独特性。

大品牌战略下的统一品牌管理、精准的定位、相互支撑的营销策略及与消费者关系的营造，提升了雪花在消费者中的知名度、美誉度，使之蝉联 2015 年工信部中国品牌力指数第一品牌，2017 年品牌价值突破 1000 亿元。

啤酒企业实现品牌化运作，是从规模竞争转向利润竞争的必要手段。我国的啤酒企业品牌化时间不长，创造什么样的品牌价值，如何从企业内部到终端实现品牌价值，仍是未来很长一段时间里啤酒企业品牌建设的核心。

二、渠道

啤酒行业发展中竞争的另一个重要因子是渠道，啤酒行业流行着一句话：“谁有渠道谁就能活下来并成长，谁失去渠道就死。”

啤酒行业占领渠道的方式有两种：

一从企业管理层来看，通过不断地收购和并购，把被收购方的渠道份额占为本品牌所有，随之大力主推自己的品牌。

1999 年前后，青岛啤酒收购了全国 10 个省市的 25 家啤酒生产企业，其中一半集中在山东。它通过对青岛地区啤酒生产企业的集中性收购，将被收购方的市场份额占为己有，从而形成了以青岛为基地，山东为大本营，辐射全国的渠道体系。

雪花啤酒也用收购的方式占领渠道。1996 年雪花开始收购目标市场省内第一或第二的强势品牌啤酒企业，再通过终端买店取得竞争优势，从而进一步收购区域内的其他地方企业，最后占领全省的啤酒市场。

二从具体的市场销售行为来看，大量的销售员或经销商直接“扫荡”烟酒、餐饮、娱乐场所等啤酒消费场所，用“买店”的模式独占某些区域市场，外来销售势力几乎无法撼动。

为了达成“重渠道”这一目标，深度分销成为啤酒行业最基本、最常用的渠道手段，餐饮专卖和高铺货率控制成为最常见的手段。

高铺货率控制即销售员把某个街道、片区的所有和啤酒销售有关的店都找出来，如餐饮专卖、娱乐场所、烟酒店等，把能铺货的渠道都铺上该品牌的啤酒，建立每个客户的基本资料，对终端网点进行高频率拜访，建立客情关系，通过给终端提供专卖优惠、专卖返点等政策，稳住每一个大大小小的终端，从而实现品牌的高铺货率。[1]

啤酒行业的“买店”是深度分销的升级。企业通过直接买断终端的专销权和主销权，建立垄断性的排他性优势。雪花啤酒曾用“买店”的方式在全国范围内展开地毯式渠道开拓，迅速在四川、辽宁、吉林、安徽、天津、武汉等大片区域市场取得了垄断优势。

[1] 方刚：《中国啤酒行业营销反思及挑战》，《中外酒业》2016 第 1 期。

进入产业升级阶段的中国啤酒行业，多渠道终将成为趋势，但是目前很多啤酒品牌在转型升级中还是难逃低端低价的原始品牌定位。即使将“用户思维”运用到啤酒新渠道的开发和建设中，也由于我国各区域市场发展水平、各区域消费能力和消费习惯不同，一时不太可能实现渠道的多样化和产品的多样性结合。加上很多国外品牌通过渗入电商和高端消费场所，再将影响力扩展到烟酒、超市、便利店、餐饮店等的渠道建设路径，使得啤酒行业的渠道竞争更加激烈。因此作为快消品的啤酒行业在较长时间内还是会延续深度分销的主流渠道模式。

但是，不管是何种渠道的选择，其背后站立着的都是“钱”，或者说资本。所以，我们也可以看到资本并购在推动中国啤酒行业发展中的重要性。

三、资本与并购

扩张型资本运营是中国啤酒行业竞争的重要特征。在啤酒行业的发展中并购之争从未停歇过。企业通过兼并、控股、参股等方式迅速扩张经营规模，发展成为大型集团。在全球甚至是中国啤酒行业，行业集中度的提升，是一个鲜明的特征。

2015 年 11 月 11 日，百威英博（ABI）宣布，公司已正式同意以 697.8 亿英镑（约合 1055 亿美元）收购竞争对手萨博米勒（SABMiller），这桩交易创造了一家啤酒业巨头，从而主导了全球啤酒市场大部分份额。两者强强联合，互补性强，可以共用销售渠道和物流网络，减少生产成本，扩大市场份额，更好地与一些优势品牌进行抗衡。而这次收购事件，对中国市场也造成了不小的影响。双方在华控投参股的企业包括雪花、哈啤、珠啤等，份额接近国内市场的 40%，其余国内市场则由百威、青岛和燕京主导，三者的 CR3（业务规模前三名的公司所占的市场份额）接近 70%。如图 3-3 所示。

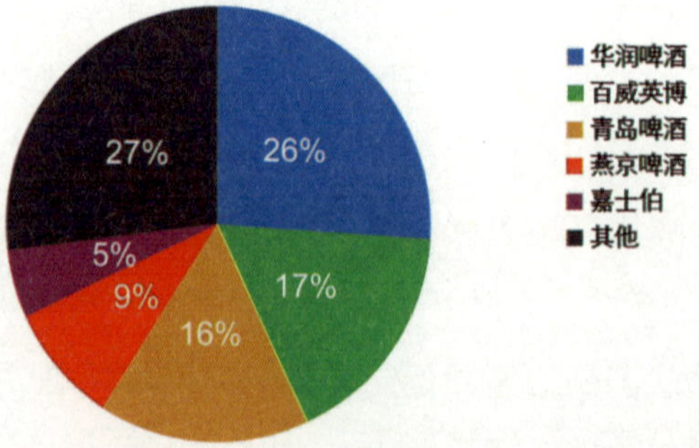

图 3-3　2016 年中国啤酒行业市场占有率

行业集中度提高有利于提升行业盈利能力。如图 3-4 所示。

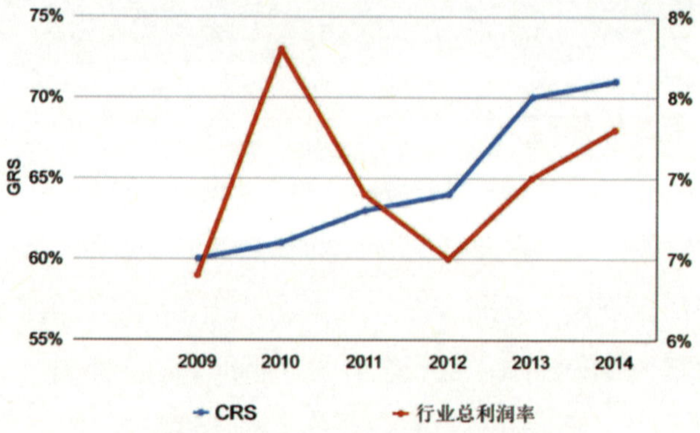

图 3-4 啤酒行业利润与行业集中度对比图

图片来源：中国产业信息网

啤酒行业从 2012 年至 2014 年，CR5（业务规模前五名的公司所占的市场份额）从 63% 上升到 71%，啤酒行业利润率由 6.51% 提升至 7.32%。ABI 在不同国家的利润率与集中度呈现出明显的正相关性，即该国啤酒市场行业越集中，则 ABI 在该市场上利润率越高。从图 3-4 可以预见，在未来，中国啤酒行业的市场集中度仍将提升。我们曾做过对比研究，发现无论与啤酒市场规模和我国相近的美国、巴西相比，还是与人均啤酒消耗量和我们接近的日韩相比，他们的啤酒市场集中度都大于我们。

而且，我们通过研究五大啤酒品牌的重要并购事件及目前达到的规模发现，资本杠杆在五大啤酒企业不停并购中起到了重要作用，才最终实现了跨越式兼并。如图 3-5 至图 3-9 所示。

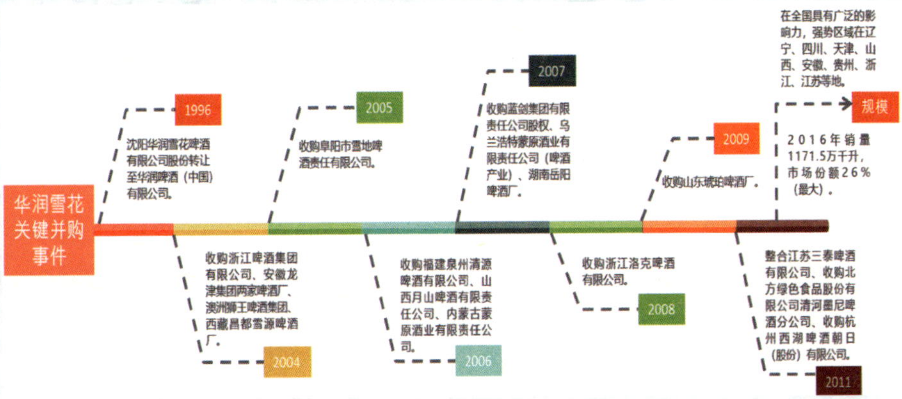

图 3-5　华润雪花关键并购事件及目前规模

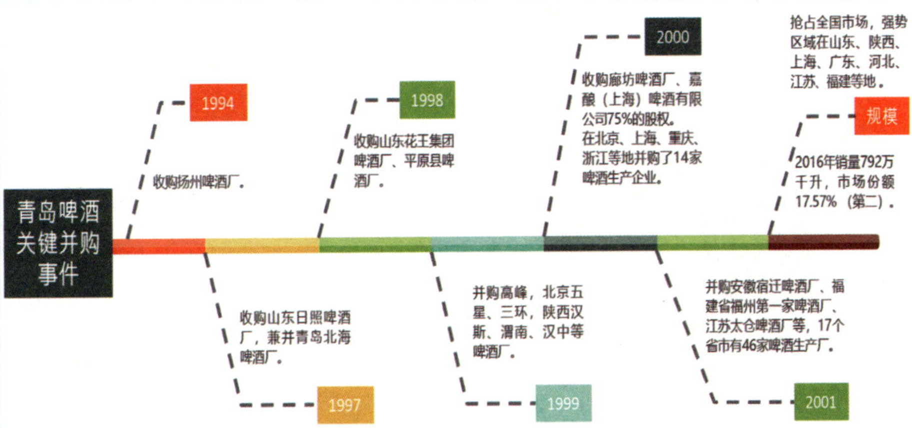

图 3-6　青岛啤酒关键并购事件及目前规模

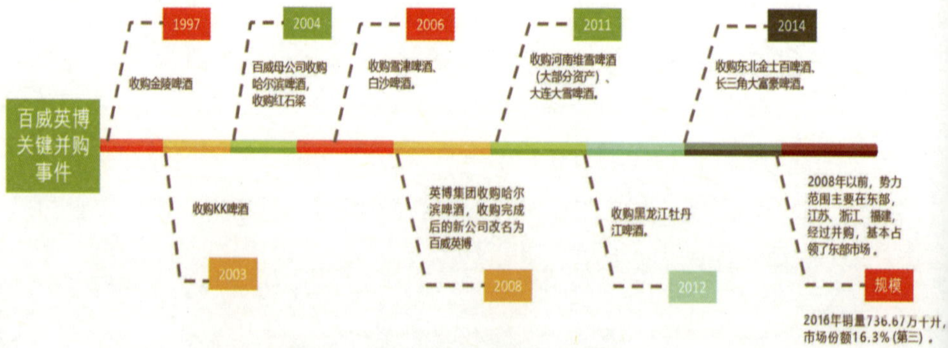

图 3-7　百威英博关键并购事件及目前规模

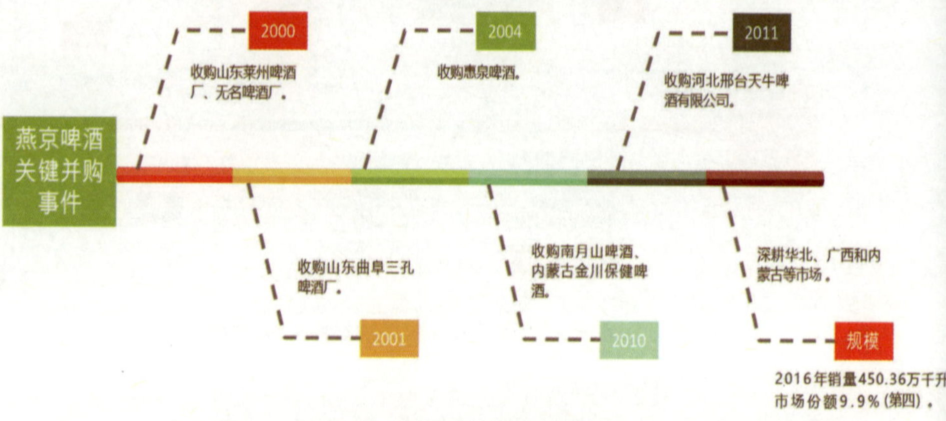

图 3-8　燕京啤酒关键并购事件及规模

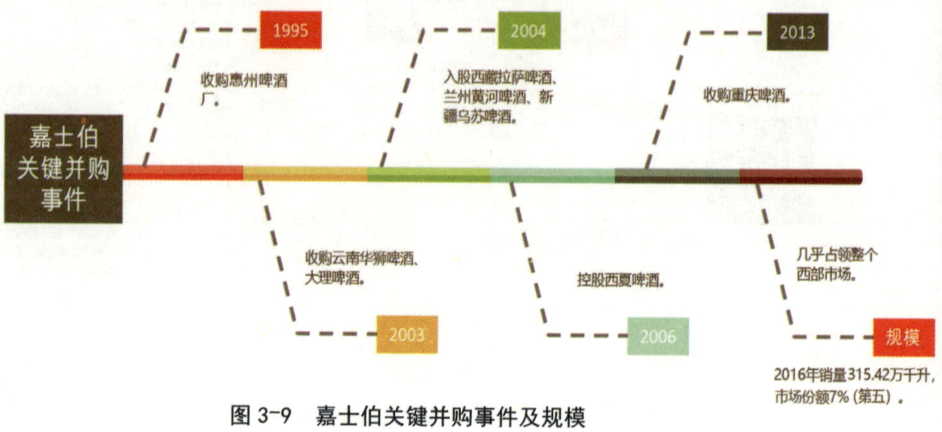

图 3-9　嘉士伯关键并购事件及规模

用资本实现增值，可以实现企业最基本的本质目的：

1. 行业集中度有利于提升行业的盈利能力。

斯蒂格勒说过，兼并是通向垄断和寡占之路。企业通过某种方式的兼并收购达到迅速扩张的目的。迅速扩张的企业带来行业高度集中，带来丰厚的盈利能力。

2. 并购重组有利于降低运营成本。

我国大部分啤酒企业的生产、销售地域性明显，为了扩展企业自身以外的区域市场，并购重组是打开市场最快速的方式，而且通过本地化生产还能降低企业生产运营成本。

3. 有利于提高啤酒企业知名度。

跨区域收购或并购后的各区域本地啤酒厂能够迅速建立和维护好本地消费者的传统习惯和偏好，也能够为地方政府所接受，促进地方经济发展，快速提高啤酒企业知名度。

4. 将推动啤酒行业产品结构的升级。

目前啤酒行业的利润率不足 5%，在成本相当的情况下，高端啤酒利润率比一般品牌高出 5 倍，2014 年低档啤酒销量出现负增长，高档啤酒销量还是保持着年均高于 8% 的增速，2014 年高端啤酒销售收入在整个啤酒销售收入的占比中已接近 50%，国外品牌占据了我国中高端市场 70% 以上的份额。尽管现阶段，啤酒巨头并不看好精酿啤酒对公司的财务贡献，但是从近年来不断的并购案例来看，这些巨头对精酿啤酒的未来充满期待。精酿啤酒的体量虽小，但其增长速度快，并能对公司现有产品线进行有效补充。

同时我们也应该看到，行业的高度集中严重分化了市场，地区性规模啤酒企业的生存受到严峻挑战，品牌的创建越发困难。对于规模小、资金少的本土新兴精酿企业来说，品牌的创建太难，发展壮大的空间十分有限。

第二节

中国啤酒行业发展问题及转型风口

2013 年至 2016 年中国啤酒行业整体出现下滑，传统的跑马圈地的发展模式开始遇到困境。以五大巨头为代表的工业啤酒面临产能过剩、市场需求减少、产量下滑“喝不动”的现象。尽管 2017 年上半年工业啤酒行业出现复苏，但业内普遍认为只能视其为经历 3 年下滑后的“触底反弹”。

在此背景下，啤酒行业的外部环境正在发生深刻变化：

企业“跑马圈地”式的成长已经终结，原先具有的比较成本优势、模仿优势遭到削弱，渠道、资本、品牌等主导啤酒行业发展的因素，对企业的成长约束越发明显。

基本需求满足后的全社会消费升级和转型，社会结构的多元化，社会主体向 80 后、90 后迁移，影响行业成长的未来因素已经明显出现并且产生持续的影响。

机遇和挑战并存，精酿行业能否把脉、借鉴工业啤酒行业的发展问题和经验，对精酿自身的未来趋势进行客观、准确地预测和把握，寻找到新的价值来源显得尤为重要和急迫。

我国啤酒行业尤其是以五大巨头为代表的工业啤酒行业在近几十年的发展中，有四个突出现象值得深思：

一、啤酒行业增速下滑，预警市场饱和行业天花板来临，未来行业突破点在哪里

自2013年以来啤酒行业增速一直在下降（如图3-10、图3-11），直到2017年上半年，各大啤酒品牌的销量才有回升的迹象（如表3-1），销量和营收同比呈上涨趋势，这是否意味着啤酒行业出现了复苏迹象？啤酒行业经过多年的产量型增长，转变为利润型增长走向，产品竞争也从低价竞争升级为利润竞争，会不会还有其他途径？目前有待进一步观察。

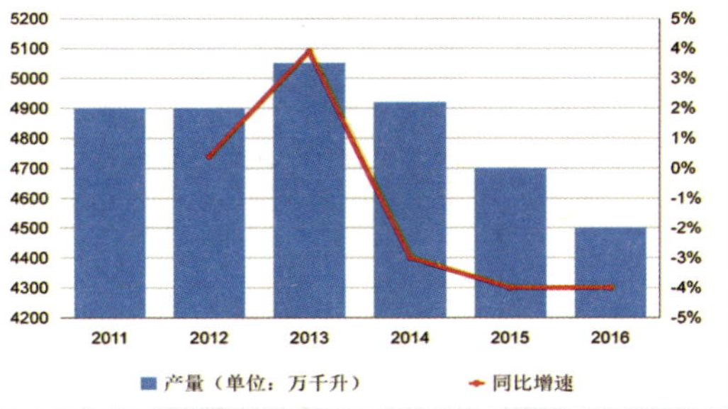

图3-10　2011—2016年中国啤酒行业产量及增速

数据来源：中投顾问产业研究中心

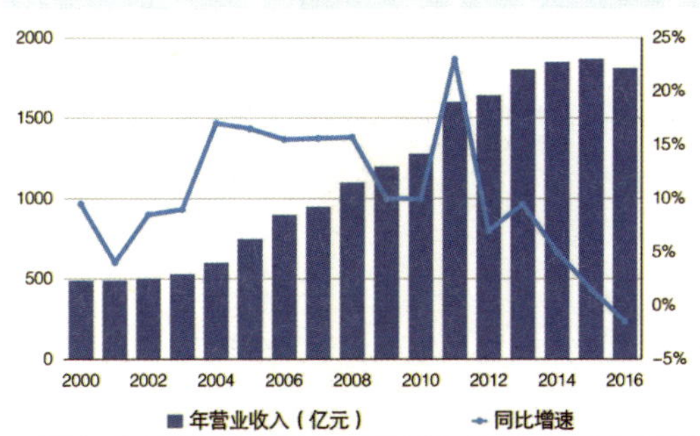

图3-11　2000—2016年我国啤酒年营业收入及增速

图片来源：《2017年中国啤酒行业价格走势及市场集中度分析预测》

表 3-1　2017 年中国各大啤酒公司上半年财报

品牌	销量（万千升）	同比	营收亿元	同比
华润啤酒	630.6	+2.9%	157.74	+3.7%
青岛	453	+2%	150.63	+2.15%
燕京	272.86	+2.19%	63.38	+0.71%
珠江	57.55	+9.88%	18.31	+11.59%

二、行业巨头挤压，小厂普遍亏损，垄断集中后行业内企业面临生死选择

2016 年五大啤酒品牌占据了行业 73% 以上的市场份额，其中，华润雪花和青岛啤酒更是占据了 43% 左右的份额。如图 3-12 所示。啤酒市场逐渐呈现双寡头垄断、小众啤酒品牌共生的局面。这意味着势必有更多市场份额小、利润低的小厂被淘汰。

图 3-12　近两年啤酒行业规模以上企业现状

数据来源：何杰《中国啤酒行业发展现状和发展对策分析》

啤酒小厂、小众啤酒品牌面临生死选择，未来他们不是被大厂收购兼并，就是自己亏损破产，啤酒行业的发展将会越来越集中。

三、低价竞争，挤压行业生存空间，啤酒吨价提升空间较大

从全球啤酒吨价看，如图 3-13 所示，我国啤酒的销售吨价甚至低于越南、南非和印度，不到日本吨价的 1/4，国内啤酒的整体吨位价格提升空间较大。

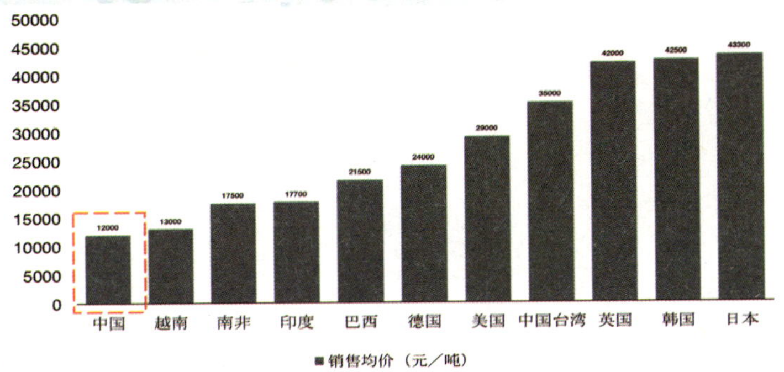

图 3-13 全球啤酒吨价对比

从国内市场的品牌价格看，如图 3-14，国外品牌的价格是国产品牌的近两倍，国产品牌的提价空间还很大，提高毛利率会成为企业主要的盈利途径。但国产啤酒要提高吨价，需要想清楚产品自身和品牌的附加值是否能支撑提价，提价的理由和途径是什么。

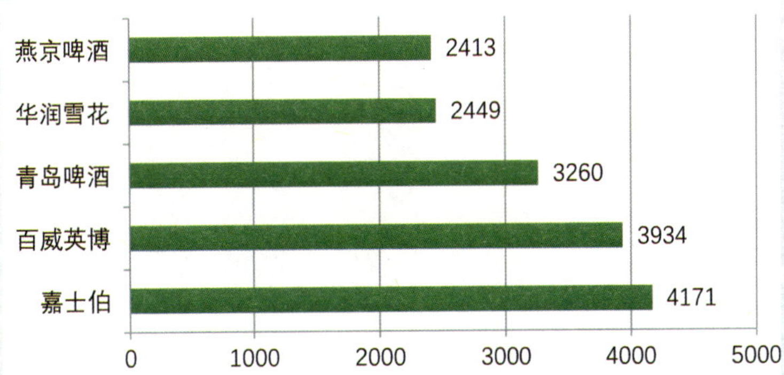

图 3-14 2016 年五大啤酒品牌吨位价格对比

图片来源：http：//www.chyxx.com/industry/201709/564243.html

四、进口啤酒异军突起，分割啤酒市场利润

如图 3-15 和图 3-16 所示。

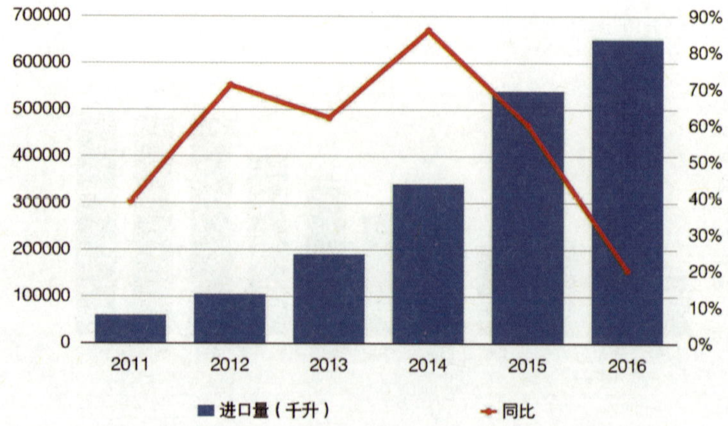

图 3-15　2011-2016 年中国啤酒进口量及增速

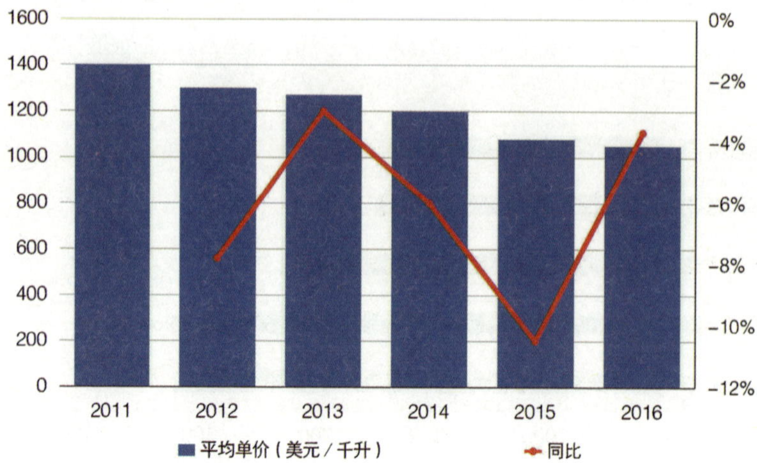

图 3-16　2011—2016 年中国进口啤酒单价及增速

图片来源：http：//www.sohu.com/a/160153251_774132

从 2011 年到 2016 年，进口额增长率达到 630.8%。但是，目前进口啤酒的销量仅占中国年度啤酒销量的 1%，和美国 15% 的比例相比还有巨大的成长空间。[1]

与此同时，进口啤酒市场在快速扩大，进口啤酒的价格却在逐年下降，平均单价从 2011 年的 1411.30 美元 / 千升下降至 2016 年的 1029.95 美元 / 千升。进口啤酒已从曾经少数人的尝鲜品成了如今大众消费者的日常选择。

数据也强烈地显示出中国啤酒行业不但集中度很高，为少数寡头所占据，而且还要面临进口啤酒的进一步挤压，竞争在更广的领域内展开。

第三节 精酿是啤酒行业下一个消费升级风口吗？

精酿会不会是啤酒行业的下一个“风口”？要回答这个问题，我们必须看到这个世界到底发生了什么变化。

一、商业的意义和价值转化

互联网和移动互联网到底给人类带来了什么改变？如何去理解今天人们口中所说的“新物种”商业？

我们可以从乔布斯聊起。乔布斯的伟大之处在哪？有人说，是因为他的技术。但事实上，乔布斯在他技术最厉害的时候，并没有

[1]《中国精酿啤酒 2016 总结：十大关键词》，https://zhuanlan.zhihu.comp/25151087?utm_medium=social&utm_source=weibo。

赢。而且从纯技术角度而言，有人比乔布斯更厉害，但也没有赢。事实上，乔布斯是虔诚的佛教徒，而他最伟大之处便在于通过“物”的方式让消费者真切地感受到了“心”的体验。

开始于18世纪60年代的工业革命以机器取代人力，以大规模化生产取代个体工厂手工生产。工业革命对于人类社会的意义和价值毋庸置疑，它让人类社会的物质极大丰富，并且让过去只给贵族们享用的产品也可以被平民所使用。正如松下幸之助所提出的“自来水哲学”：大批量才能生产廉价产品，以品质优良的制品，用消费者能购买的价格，像自来水一样源源不断地为顾客提供出来。但工业革命也给人类社会带来了一系列危机：在追求利润最大化的目标下，形成了大量生产、大量耗费、大量废弃的生产体制，忽视了自然资源的再生产能力，忽视了自然环境对废物有限的降解能力。同时，与这种资本逻辑相适应的过度消费和超前消费理念的放大，不仅造成了对自然资源毫无节制的开采，而且造成对人类生存环境的严重破坏。整个工业革命深受笛卡尔主义、达尔文主义和牛顿主义的思想浸染。笛卡尔强调“我思故我在”，强化了人的“理性作用”，抑制了人的“心”及身体的体验感；而建立在“竞争”而不是“合作”，过于强调“利己”而排斥“利他”的达尔文主义，已经远不能解释和满足信息语言文明对“社会性物种”的描述与刻画。

经历过工业革命丰富物欲洗涤的消费者，开始重新思考物的意义和价值。人活在生活里，不是生活在商业里，人不是消费者，人是生活者。今天的企业家必须重新去思考物品的意义和价值。在思考物品的意义和价值时，也是在思考自己的人生意义。

在《美学的经济：台湾社会变迁的60个微型观察》中，作者詹伟雄也提到了人类社会的经济形态。人类社会的经济形态大致可以分成四种，即脚的经济、手的经济、脑的经济和心的经济。脚的经济，指的是最原始的渔、牧、狩猎、矿采经济，人们靠着双脚，将“有用的物资”移动到人们的小区里，提供人们生活所需。手的经济，指人可以用双手来进行有计划的劳动，在小区里进行粗浅的分工。脑的经济就是工业化，追求商品或劳务效用的最佳化。但是心的经济在乎的是现代消费者、生产者进行经济行动时的意义：我一旦背上LV的包，我的自信增加了；买了一辆特斯拉的车，不仅是因为这是一辆车，我还为马斯克的勇气、改变世界的能力而感到自豪。买一双鞋不只是因为需要，还因为每一双鞋，都反映了我在试穿时，反复左右端详的刹那，心中浮现的那个美好的我，鞋子上的各种符号、配件、质感、纹理、形态呼应着卖场的空间、音乐、空气、灯光和当时的情绪状态。

所以，今天的消费者为什么喝啤酒？喝啤酒时的意义是什么？这才是精酿啤酒真正要思考的问题。和传统的欢呼痛饮相比，啤酒应该有另一种意义，并且在人追求消费意义的过程中衍生出多元的文化价值和体验。这才是商业的未来。

二、中国社会消费升级已经到来

彭博社曾报道研究过一个“方便面现象”，发现中国方便面市场的崛起是与农民工热潮一同到来的。“建筑工地上随处可见的方便面碗，有如地面上高耸的起重机一样多”，它们是中国经济繁荣时期最直观的象征。然而在今天，这个繁荣的景象正在消退。中国市场占有率超过50%的康师傅方便面连续出现利润率下滑，净利润最高下滑达40%。

“方便面指数”成为一种非专业的经济指数，在一定程度上成为预测、分析经济形势和消费趋势的指标。

除了方便面市场出现的状况，饮料行业也呈现出了低端产品销量持续下滑，中高端产品受到市场青睐的现象。从 2015 年开始，全国酸奶类产品的销售额猛增 20.6％，功能型饮料增长 6％；而康师傅饮料产品线收入同比下跌 5.4%，净利润大跌 36.0%，以娃哈哈营养快线等为代表的低端产品销量下滑明显。

啤酒市场和方便面市场也是异曲同工的。曾经和农民工热潮一起到来的低端啤酒消费市场在萎缩，中端消费市场在扩大，我国新一轮消费升级正在悄然发生。

传统啤酒行业垄断竞争和低成本竞争带来了诸多问题，口味单一的工业啤酒销量在下滑，工业化啤酒的主要消费群体和消费市场在逐渐萎缩，传统的多样体验的精酿啤酒在近几年兴起。这一切，是否意味着中国啤酒行业消费升级的到来？

消费升级是指消费者自身的生活方式、所在的消费环境、自我的消费理念以及消费力等因素变化带来的消费决策和消费选择的变化。在每一个社会进程中，消费升级会随着社会经济变迁而出现变化。

中国社会的消费升级分为五个阶段，消费者的消费观经历了从重视国家到重视家庭，再到重视个性化和社会化的变化，消费趋势也各不相同。如图 3-17 所示。

当前的消费升级正处于个性化和社会化阶段，以中产阶级为主力的消费群体从追求品牌、品质、奢侈等消费品的炫耀性消费向个性、多元、舒适、智能及无品牌和健康环保的方向发展。

在完成了兼并垄断后的中国啤酒行业，能否借助中国目前的消费升级完成啤酒行业的华丽转身？

	第一消费阶段（1949—1978）	第二消费阶段（1978—1997）	第三消费阶段（1997—2006）	第四消费阶段（2006—2011）	第五消费阶段（2012至今）
社会背景	计划经济、消费品配给机制（定量分配）；关注重工业发展	市场经济体制构建和逐步完善阶段；高增长、高通胀阶段，总需求大于总供给	市场经济体制逐步完善阶段；高增长、低通胀阶段；总供给大于总需求	市场经济体制进一步完善阶段；高增长、温和通胀阶段；总供给与总需求处于平衡	市场经济体制进一步调整完善阶段；经济增速放缓；总供给大于总需求
人口	高—低—高增长	高速增长	高速增长	高速增长	平稳增长
消费群体	城镇消费者为主	城乡居民 收入增长最快， 物价增长也最快	消费群体阶层分化 （高中低社会阶层分化、城乡分化、东西分化、行业分化）	消费群体分化进一步拉大	消费群体分化加剧拉大
消费价值观	国家主导消费 （温饱生存型消费）：重视国家发展，个人消费倾向高但消费水平低	重视家庭生活消费 （生活满足型消费）：以满足基础家庭物质生活为消费目标	重视家庭品质消费 （品质享受型消费）：崇洋从众攀比消费心理显现、对品质品牌要求显现	重视家庭和个人消费 （社会发展型消费）：品质品牌追求、奢侈品炫耀性消费及差异化消费出现	重视个性化和社会消费 （个性多元型消费）：绿色消费、务实消费、公益性消费、体验性消费出现
消费趋势	生活用品和吃的够用、能用就好	大城市倾向，大量消费	品牌倾向，国外倾向	差别化，投资消费，品牌倾向主导，奢侈消费	个性化，多元化，无品牌化，舒适健康环保，共享，体验，智能化
消费主题	一家一辆凤凰牌自行车、缝纫机、手表	一家一辆摩托车、大小家电、3C产品	一家一辆汽车、进口品牌家电	一家几辆车、房产投资、奢侈品消费、旅游	家庭分享汽车、个性旅游
消费承担者	所有小家庭、家庭妇女	先富裕起来的人、工薪阶层	先富裕起来的人、工薪阶层	中产阶级家庭	中产阶级家庭

国家 ⟶ 家庭生活 ⟶ 家庭品质 ⟶ 家庭和个人 ⟶ 个性化和社会

图 3-17　中国社会消费升级五个阶段

三、啤酒行业消费升级的早期症状已经出现

在中国社会消费升级到来的宏观背景下，观察研究啤酒行业过去和现在消费现状的变化，如表 3-3 所示，我们可以说，中国啤酒行业的消费升级已经到来。

表 3-3　社会消费升级影响下的啤酒行业消费现象

	过去啤酒行业消费现象	现在啤酒行业消费现象
啤酒消费者生活方式变化	·喝酒是为了聚会交友和应酬	·喝酒是为了交友和享受当下
啤酒消费的环境变化	·大众消费环境： 大排档、苍蝇小馆、会所、KTV； ·提供啤酒的原则： 大众化、便宜、清淡口感。	·小众消费环境： 酒吧、中高档餐厅、轰趴 ·提供啤酒的原则： 中高端大牌、个性化、多种风味 ·个人私密消费环境： 游戏、看书、看电影、独处时光、约会 ·购买啤酒的原则： 个性化、口感舒畅、便捷
啤酒消费者购买行为的变化	·超市、卖场、小区便利店、会所、KTV 购买 ·产品选择种类固定 ·购买国产大众啤酒品牌居多 ·注重性价比	·传统购买场所 + 线上购买（淘宝天猫、京东） ·产品选择范围扩大 ·购买国内外小众品牌居多； ·偏爱小众和新奇产品
啤酒消费者的饮酒观念和行为变化	·饮酒健康意识薄弱、豪饮、方便、快捷	·追求健康，品味过程，不喜欢饱腹感 ·在喝酒中追求多元的文化价值和意义
啤酒消费者消费力的变化	·大部分购买 5 元 / 瓶的啤酒 ·少数中高档消费购买 15—20 元 / 瓶	·中档消费为 15—20 元 / 瓶 ·80 后、90 后消费者 接受 30—40 元 / 瓶定价

与工业化啤酒时代相比，现代消费者的啤酒消费观念更加个性多样、多元、开放，消费行为中更加注重消费场景、消费行为、消费产品和消费情绪的体验感，更加追求文化代入感、审美精致化、创新差异化的消费过程。

这时候进入的精酿啤酒，无论从产品选择的多样性上，还是代表的创新个性年轻的品牌感上，都恰好满足了啤酒消费者对啤酒的新期待。

精酿啤酒会成为啤酒行业新一轮消费升级中的一个风口。

精酿行业有没有未来？答案是肯定的。建立在消费意义和价值、多元文化体验及消费升级基础上的精酿行业代表着未来啤酒行业的发展方向，也符合未来商业发展的大势所趋。消费意义和价值、多元文化体验以及消费升级这三者，也构成了精酿行业发展的关键驱动力。这三点也势必影响到精酿行业的品牌建设和渠道开拓。

在传统的中国啤酒行业中，这些啤酒品牌成功的关键在于：一是更有性价比的产品和价格优势。二是建立了自主掌控的、垂直的、高效的、垄断式的渠道体系。三是利用大众传播媒介，快速提升品牌知名度和形象。而这三点都是建立在“消费者需求一致性”的前提假设基础上，并且在国内需求急剧放大的市场初级阶段获得了巨大的成功。

而在今天，媒介碎片化、需求碎片化、价值碎片化的时代，过去的运作体系不但难以成功，而且会阻碍大品牌转型升级。可以说，今天在精酿行业能否成功，就在于对消费意义和价值、多元文化体验及消费升级三者有没有更清晰的认识，有没有更深刻的洞察，以及有没有更好的创新商业模式。

任何行业的发展，都离不开对自我行业发展的审视思考，也离不开对世界各国相同行业的发展借鉴。为了思考中国精酿行业未来发展状况，我们选择了世界上在精酿行业发展过程中有鲜明特点的美国、日本、新西兰、比利时和德国等国的精酿发展现状、特征和原因作为研究的蓝本，以此对比中国目前精酿的现状，希望通过融合、碰撞，对中国精酿的未来产生影响。

4 向外看，国外精酿行业发展借鉴

XIANGWAIKANGUOWAIJINGNIANGHANGYE FAZHANJIEJIAN

第一节 美国，当代精酿创新的发源地

美国是公认的“新世界啤酒王国”，因为其数量众多的精酿酒厂，也因为他们创新和引领了精酿界众多全新的风格。

在美国，精酿啤酒行业从几位家酿啤酒玩家和梦想家开始，发展至今，已经占全美 1000 亿美元啤酒产业链中 10% 的份额。2013 年，美国精酿啤酒厂的数量已经超过 2700 家，并且还有 1500 家正在筹建中。酿酒商协会发言人保罗·盖塔表示，从 1980 年后开始经营的算起，经营至今带餐厅的啤酒厂占 48.8%，仍在经营的灌装酒厂占到了 66.2%，短短几十年间，精酿啤酒发展成了整个美国啤酒产业链中最具活力的区块。

一、美国啤酒发展历史

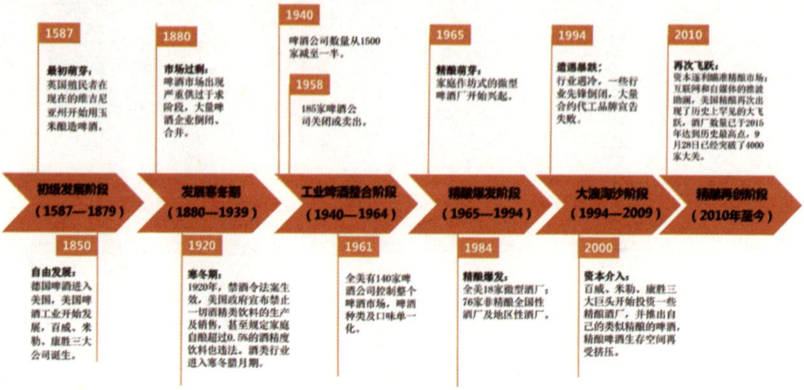

图 4-1　美国啤酒发展历史

（一）初级发展阶段（1587—1879）

1587 年英国殖民者在现在的维吉尼亚州开始用玉米酿造啤酒，这是美国工业啤酒的最初萌芽。早期的啤酒风格以英式 Ale 为主。1850 年，大量德国人移民美国，同时也带来了先进的啤酒酿造技术，啤酒厂开始出现，美国啤酒业进入德国 Lager 啤酒时代。到 1873 年，全美有 4131 家啤酒公司，几乎每个郡都有自己的啤酒厂，达到美国啤酒发展史上的啤酒企业数量的峰值，年产量 9000 万桶（1 桶 =1.17 公升），百威、米勒、康胜三大公司就是在这个时候诞生的。

（二）发展寒冬时期（1880—1939）

1880 年以后，啤酒市场出现严重的供过于求现象，市场竞争非常激烈，啤酒企业之间大打价格战，大量啤酒企业合并、倒闭。

1920 年 1 月 17 日，美国禁酒法案正式生效，政府宣布禁止一切酒精类饮料的生产及销售，家庭自酿超过 0.5% 的酒精度饮料也违法，酒类行业进入寒冬期。即使禁酒令取消以后，在相当长的一段时期里，政府对酒精饮料的控制仍然相当严格。

（三）工业啤酒整合阶段（1940—1964）

“二战”以后，大型酿酒厂开始控制美国啤酒市场。1940 年，啤酒公司的数量减到 750 家；1949—1958 年，有 185 家啤酒公司关闭或卖出；1961 年，全美只剩下 140 家大型啤酒公司。

为了达到酿造标准品质，大型酿酒厂把大部分精力放在对化学成分的分析上，而忽略了对啤酒口味的探索，让啤酒失去了灵魂。那些由传统啤酒强国如德国、捷克、英国等移民带来的酿酒传统技术被轻视，市场上的啤酒品种及口味十分单一。

（四）精酿爆发阶段（1965—1994）

1965 年，家庭作坊式的微型啤酒厂开始兴起。1984 年，精酿开始流行，全美共有 18 家微型酒厂。1984—1994 年是美国精酿飞速发展时期，因此也带来了啤酒业之间的激烈竞争。

1978 年，卡特政府颁布法规，解除对家庭自酿的限制，出现小型家庭作坊式的精酿酒厂。

（五）大浪淘沙阶段（1994—2009）

1994 年，经历了连续 10 年保持两位数增长，增长了 50% 的精酿行业遭遇暴跌，一些行业先锋倒闭，大量合约代工品牌也宣告失败，但是仍有大量创新型的后起之秀涌现。从 1993 年到 2000 年间，精酿啤酒几乎保持了每年 30% 的增长率，精酿啤酒的市场占有率达到 3%，并向 5 % 挺进。

精酿啤酒运动发展多年来，百威、米勒、康胜都曾忽略这股风潮，2000 年他们终于开始投资一些精酿酒厂，并推出自己类似精酿的啤酒，精酿啤酒开始进入资本时代。

（六）精酿再创阶段（2010 年至今）

近几年来，随着商业资本瞄准了精酿啤酒这一小众市场，而且手机终端和移动终端的技术进步让宣传的成本更低、速度更快，对精酿概念的传播起到了推动作用，美国精酿再次出现了历史上罕见的大飞跃，酒厂数量已于 2015 年达到历史最高点，至 2017 年 9 月已经突破了 4000 家大关。

二、美国精酿成功基因

美国是精酿市场中最成功的市场，其影响力甚至超过了欧洲传统老牌啤酒王国。笔者认为成功原因主要有以下几点：

1. 较为健全的法规制度，相对公平宽松的准入门槛、对本地酒厂的保护，保障了本地小型精酿酒厂的快速成长。

如表 4-1，美国家酿啤酒法规开始于 1978 年，卡特总统颁布法令，规定在家自酿啤酒合法。如北加州的 New Albion 和 Sierra Nevada 这样的小型啤酒厂纷纷涌现。20 世纪 80 年代，精酿啤酒的产量和利润迎来新一波增长，这种态势延续了 30 多年，直到现在。

表 4-1 美国精酿相关法规和影响

颁布者	法规	影响
1978 年，卡特总统签署	放松对酿酒厂硬指标的规定	小型酒厂开始逐年增多
全美酒精与烟草税收贸易局（Alcoholand tobacco tax and trade bureau）	《蒸馏酒红酒和啤酒管理法》 《联邦酒精制品管理条例》 《公共卫生安全及生物恐袭应对法》	直接降低众多家酿转型成为精酿酒厂的门槛
立法机构	11 个啤酒行业产业链管理条例：如啤酒商标设计要求、啤酒经销要求、酒精饮料的宣传方式、酒厂标准资格申请、啤酒原料质量	条例覆盖从酿造起点到销售终端，为全产业链提供了健全的保护
各州法律	根据实际情况不同各州制定自己的管理法律和条例	保证本地品牌良好的生长环境，美国近 80% 的精酿市场是被本地酒厂垄断的

2. 与精酿相关的上下游行业均衡发展，为精酿行业长远发展奠定坚实基础。如表 4-2。

表 4-2 精酿行业产业链及产业类型

产业链构成	具体内容	产业类型
精酿原料	水、啤酒、大麦、酵母等	农业、工业
精酿设备	酿造设备、分发设备	制造业
精酿啤酒酿造	麦芽粉碎、糖化、煮沸、投料、冷却、发酵、过滤	制酒业
精酿市场	定位、产品设计、销售渠道、品牌传播	商业、流通业、金融业

（1）作为世界上农业最发达的国家，美国在啤酒原料的产量、种类培育上都有独一无二的优势。美式的各种 C 系列（Cascade、Centennial、Chinook 等）酒花打破了德国、捷克和英国酒花数百年的市场垄断，在 IPA（India Pale Ale）领域如日中天。

（2）当中国的精酿设备还是由一些传统的食品行业设备制造商作为附带产品生产时，美国已经出现了专门的精酿设备制造商，并且已经由提供品质优越的产品转变成提供整体设备的解决方案，产品中也加入了模块化、灵活改造的概念。

（3）美国精酿啤酒在酿造流程上，对于酒花的运用已经到了出神入化的地步，在酒花投放的阶段、用量、时间和方式等方面有着各种各样的神奇玩法。其中最为典型的就是角鲨头的 60、90、120 分钟系列，在这个系列中创造性地使用了“连投酒花”的工艺。所谓“连投酒花”，就是在麦芽汁煮沸的过程中，使用专门设备不间断地投入酒花，而不是传统的一次性或分几次投入。不同阶段投入的酒花，会带来不同的苦味和香气，连续投入则会使苦味和香气的层次更加丰富。而 60、90、120 分钟则顾名思义是连续投放酒花 60、90、120 分钟。

3. 悠久的啤酒文化传统，储备了大量热诚和创新的精酿专业人才。

到 2015 年，在美国除去大型商业酒厂，精酿啤酒的从业人员有 12 万多人，家酿爱好者有 120 万。

随着精酿行业的不断发展，美国一些大学也开设了相应的啤酒酿造及商业运作的培训课程。俄勒冈州波特兰州立大学（Portland State University）于 2013 年推出了酿酒工艺在线培训业务，第一批参与的学员就达到近百人，已成为全美啤酒行业培训课程之典范，各地求学者络绎不绝。到目前为止，美国佛蒙特大学

（University of Vermont）已被获准可以发放精酿啤酒证书；另外，亚利桑那州、佛罗里达州、佐治亚州、俄勒冈州、德克萨斯州等大学也正在推出精酿啤酒相关的网上服务，该服务计划包含两门课程，费用约 4400 美元，网络课程内容包括精酿啤酒酿造技术、啤酒市场营销和分销。

4. 各种啤酒协会共同运作扩大了精酿的社会影响力。如表 4-3 所示。

表 4-3　美国全国性精酿协会及主办活动

名称	人员构成	主办的活动
美国酿酒商协会（Brewers Association）	酿酒师和啤酒从业人员	美国精酿啤酒周 美国啤酒大奖赛 国际啤酒大奖赛
家酿爱好者协会（American Homebrewers Association）	家酿爱好者	美国精酿啤酒周 美国啤酒大奖赛 国际啤酒大奖赛
啤酒品酒师认证协会（Beer Judge Certification Program）	各类啤酒品酒师	主办啤酒品酒师考试认证及推广美国体系

美国酿酒商协会（Brewers Association）：以酿酒师和啤酒从业人员为主，主办美国精酿啤酒周、美国啤酒大奖赛、国际啤酒大奖赛等。家酿爱好者协会（American Homebrewers Association）：以家酿爱好者为主，主办美国精酿啤酒周、美国啤酒大奖赛、国际啤酒大奖赛等。啤酒品酒师认证协会（Beer Judge Certification Program）：由各类啤酒品酒师构成，主办各种考试认证及推广美国体系。

可以说美国精酿之所以得到稳健的发展，很重要的原因是有一批纯正，持有初心的从业者。

图 4-2 是 Google 给出的精酿啤酒（Craft Beer）近几年热度搜索指数，这可以在某种程度上体现精酿啤酒的影响力。

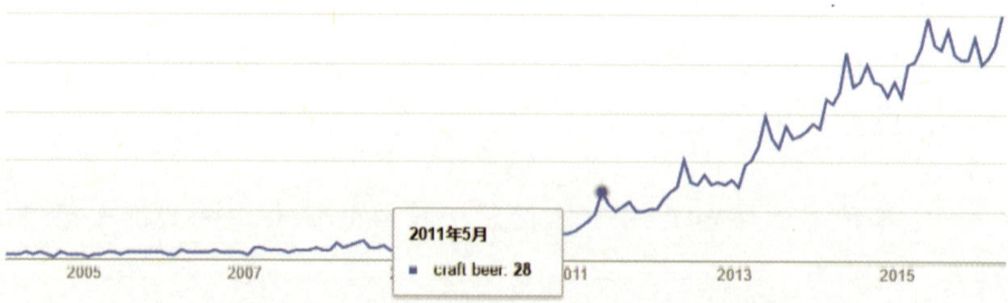

图 4-2　2005—2015 年精酿啤酒热度搜索指数

图片来自：公众号"啤博士"

5. 本地食品运动等社会文化运动，推动了本地化精酿啤酒。

美国社会的本地食品运动，对社会影响深远。该运动提出了"从农场到餐桌"的概念，顾名思义，就是提倡就近种植，当天采摘，就地加工销售。餐厅直接从本地农场主和生产者手中购买食材，饮食取材于本地。农夫及农场主在城市里开辟一小块区域直接向消费者销售蔬菜、蜂蜜等，自己准备的食材的"农村市集"（Farmers Market），也是它的表现形态之一。本地食品运动除了直接支持本地经济，同时对美国人的饮食观念的变化起了推动作用。消费本地的产品减少了一些物流环节，对环境损害更小；消费者也越来越注重食物品质，他们会觉得可以查到本地生产源头的食材和用这些食材的餐厅更加可靠，缩短了运输时间和距离的食物可能会更新鲜。

受本地食品运动理念的影响，消费者在精酿啤酒的选择上，也更偏爱本地酒厂。为了迎合这些消费者，精酿啤酒在原料上也更讲究采用本地化的原材料。在增加多样的地域口味和风格的同时，鼓励创新。由于精酿小酒厂产量小，在推出新口味上也比大品牌的啤酒厂更加灵活。因此相比于工业啤酒，精酿啤酒的口味选择更加多样化。再小众的啤酒，因为地域口味和定位的独特，都可能有一定数量的消费者，这些因素都极大地促进了精酿啤酒的本地化发展。

6. 消费能力持续增长，成为精酿啤酒发展的重要动力。

美国精酿的平均价格是工业啤酒的 3—4 倍，与国内动辄 7—8 倍的差价相比，精酿啤酒颇具性价比。美国人中知道或尝试过精酿啤酒的国民接近 1 亿，占国家 30% 的人口。

美国的橄榄形经济结构决定了作为精酿啤酒的消费主力的中产阶级是美国的经济核心，到 2015 年，个人年收入在 10 万美金左右的美国中产阶级人数占总人口 50%，他们是社会消费的主力军，这保证了精酿啤酒消费者的消费能力。如图 4-3 所示。

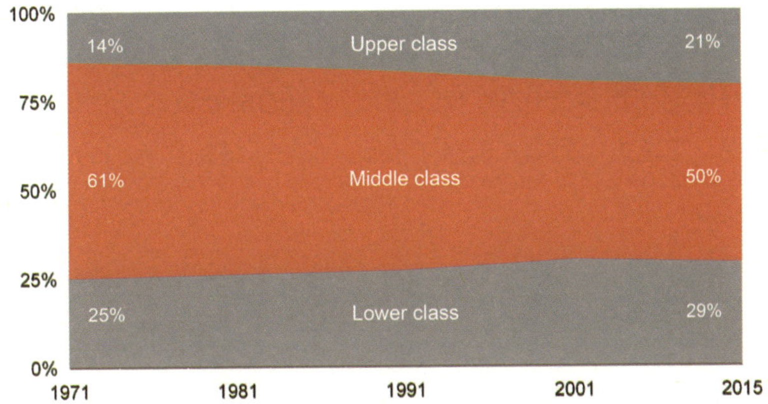

图 4-3　1971—2015 年美国各消费阶层占比变化

图片来源：豆瓣网

美国人的消费能力与消费习惯，自然成为精酿啤酒得以长足发展的根本动力。

7.一代人的文化认同感和精酿精神的高度契合。

20世纪60年代，美国青年从垮掉的一代中催生出嬉皮士。他们受两个不同的运动影响，一方面受波西米亚主义、地下艺术、剧团的影响，另一方面受左派、民权主义、和平运动的影响。他们认为美国是一个被惯例和陈规所充斥的世界，它已经成为压制人的个性、迫害个人自由生活的陈规陋习的总和，只有逃离这个社会，摆脱与现实社会的种种联系，才能使个人和美国社会免于走进死胡同。为了有效地反抗这技术高度发达、物质极端丰裕，但人的精神受到控制的社会，他们提出“回到史前”的口号，他们特别欣赏“无为而治”，认为只有无为而治的简朴社会、简单生活，才能保证公民个人的尊严和自由。因此，他们从生活做起，掀起“生活的革命”，来反抗主流的、精英的、技术的、物质的社会。20世纪70年代初，经济衰退，很多嬉皮士一下子缺少了可以任性的经济基础，只好上班去了。而他们的文化认同感却主导着他们的消费选择，他们抛弃大工业，抛弃跨国农业，选择小规模、手工、环保和天然的产品。而体现在饮食文化中，就为精酿啤酒的发展奠定了文化基础。可以说，正是这代美国人选择了精酿，促进了精酿在美国的兴盛。

第二节

日本，大厂主导的亚洲第一精酿大国

精酿啤酒在日本的历史不过 20 多年，但是作为精酿啤酒世界的一股新生力量，过去几年，日本酒厂酿造的啤酒在国际各种大赛上频频获奖，同时，日本精酿出口的增长量令人咋舌，日本俨然已经是目前亚洲第一精酿大国。

成就日本精酿啤酒发展的最主要原因是大厂垄断集中了资本、品牌和渠道的市场影响力，加上本土文化与外来精酿啤酒文化的有效结合，都促成了日本精酿市场的繁荣。

一、日本精酿发展历史

第一阶段：源起创立期

19 世纪 60 年代明治维新之后，日本相继出现了 100 多家大大小小的啤酒厂，1870 年创立的 Spring Valley Brewery，即现在麒麟啤酒厂的前身，是日本公认的第一家啤酒厂。随后，朝日、札幌等知名酒厂纷纷出现。啤酒在日本当时属于高档货，一般的家庭根本消费不起。

第二阶段：动荡兼并——垄断形成期

20 世纪，酒税随着战争升级不断增加，直接导致许多小型酒厂破产或被吞并，生存下来的酒厂逐步形成实行标准化和规模化运作的几个大厂，其中就有朝日、麒麟、札幌、三得利等。

大厂产量上升，导致啤酒价格下降，啤酒开始走入万千日本普

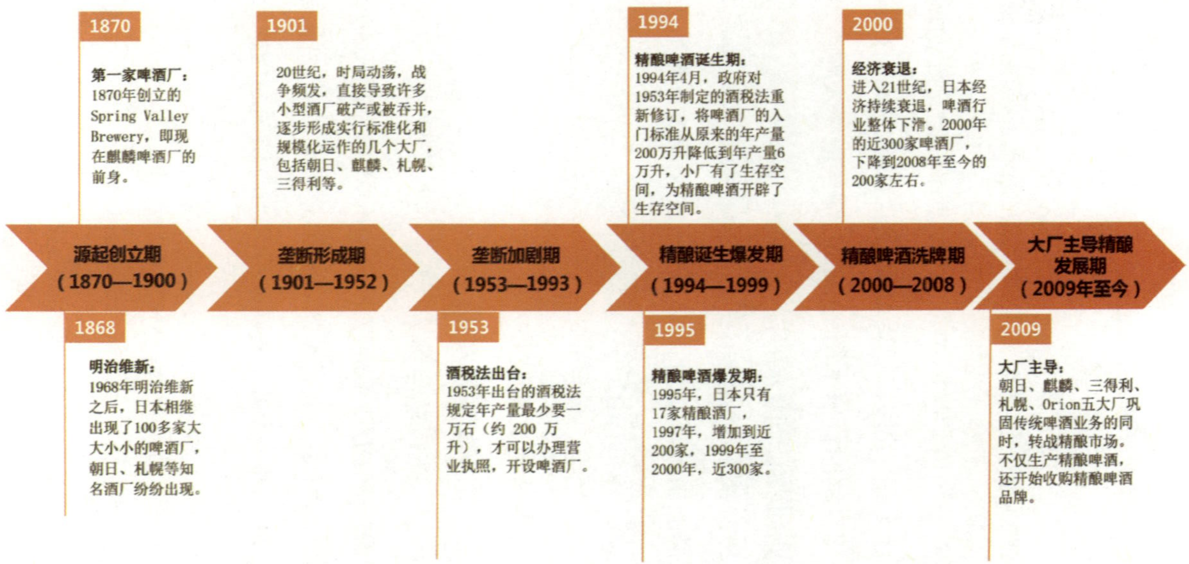

图 4-4 日本啤酒发展历史

通家庭。

第三阶段：法规制约——垄断加剧期

1953年出台的酒税法规定年产量最少要一万石（约200万升），才可以办理营业执照，开设啤酒厂。该法律直接扼杀了小型啤酒厂的生存空间，进一步加强了大型财阀所控的啤酒厂的垄断地位。

第四阶段：规则变化——精酿啤酒诞生爆发期

1994年4月，政府对1953年制定的酒税法重新修订，将啤酒厂的入门标准从原来的年产量200万升降低到年产量6万升，小厂有了生存机会，这为精酿啤酒开辟了生存空间。

第一家拿到营业执照的是北海道的Okhotsk小型啤酒厂，产品只在本地销售；第一家开业的是新市的越后啤酒厂，自称“全日本第一个精酿啤酒厂”，产品以外销全日本为主。

1995年，日本只有17家精酿酒厂，1997年，增加到近200家，1999年至2000年，发展到近300家。

1994年7月，日本精酿啤酒协会成立，该协会除了负责进行啤酒从业人员的培训和认证，还主办各类啤酒节，举办各类讲座，发行与精酿啤酒相关的出版物，进行国际交流；1999年3月，日本酿酒师协会成立，其负责促进酿酒师共同钻研技术，促进销售，并向政府提出完善酒税法等相关法律的意见。

第五阶段：啤酒行业洗牌期

进入21世纪，日本经济持续衰退，啤酒行业整体下滑。

2000年的近300家啤酒厂，下降到2008年至今的200家左右。

但据日本国税厅数据，精酿酒厂的课税量却在上升，预示精酿行业成为整个啤酒行业的希望，为如今的亚洲第一精酿大国保留了基础力量。

第六阶段：大厂主导精酿发展期

近几年，朝日、麒麟、三得利、札幌、Orion 五大厂巩固传统啤酒业务的同时，转战精酿市场。

以麒麟为例，不仅自己生产精酿啤酒，还不断收购精酿酒厂。用 Spring Valley Brewery（麒麟公司最早名字）注册了全资子公司，专门生产“精酿啤酒”；收购 YOHO 精酿啤酒 33.4% 的股份，成为其第二大股东；收购美国布鲁克林酒厂 24.5% 的股份。

二、日本精酿发展特点

1. 没有特殊法律保护小型精酿啤酒厂，使得大厂可以随意深入精酿啤酒细分市场。

1994 年 4 月，政府对 1953 年制定的酒税法重新修订后，开放了啤酒行业，使工业啤酒厂和精酿啤酒厂都有了开阔的发展空间。但酒税法没有对精酿啤酒厂进行清晰的定义，大厂和精酿酒厂没有严格区分，大厂以垄断势力主导了对精酿消费者和市场的影响控制，挤压了小型精酿酒厂的市场空间。

2. 精酿啤酒与日本本土文化的嫁接，给精酿啤酒带来差异化市场。

（1）日本人将精酿啤酒定义为地方特色啤酒，以伴手礼观念做精酿，使精酿产品的开发始终与本地资源和本地元素相连。如本地盛产桃子、西红柿就生产桃子啤酒、西红柿啤酒；如果靠海边就生产蓝色啤酒等。地方特色的精酿啤酒开发，拓展了伴手礼市场也推广了地方特色文化，因此社会影响和市场影响都很大。

（2）包装设计上也大力推出本地元素，如本地风景照片 + 本地名水 +Alt 风格；同时用毛笔书法写的日语酒标（图 4-5），即使推向国际市场，也极具日本文化极高的辨识度和独特性。

图 4-5　日本某精酿品牌酒标

图片来源：公众号“imbeer 爱啤酒”

（3）精酿啤酒与工业啤酒的品质和价格差异拉大。

因把精酿定义为土特产，故“当地口味，难喝；贵”成为消费者对精酿啤酒的认知。

如表 4-4 所示，日本工业啤酒以普通拉格为主，尽管品质稳定，但口味单一。而精酿啤酒采用传统米酒或清酒的原料和酿造方法。如用传统的红曲发酵啤酒，带有红方腐乳的重口味；如带有细腻的苦味感，以适应日本清淡、讲究原味的饮食文化。精酿啤酒口味多样，强调适合本地人口味，价格上也因此拉开距离。

表 4-4 日本精酿与工业啤酒对比

	日本精酿啤酒	日本工业啤酒
价格	平均 600 日元 / 瓶	平均 200 日元 / 瓶
口味	当地口味，可能好喝也可能令人作呕	普通拉格
品质	不稳定	稳定

3. 行业协会影响力很大。

日本的行业协会具有较强的沟通影响力，如在行业协会的努力下，发泡酒被纳入啤酒中，这在其他国家是没有的，所以今天日本精酿啤酒厂的产品中就包括发泡酒。

4. 外来啤酒文化对精酿市场的影响。

第二次世界大战后，驻日美军的生活方式对日本啤酒市场有深远的影响。美国精酿啤酒文化的冲击使得越来越多的日本人了解了精酿啤酒及精酿文化。同时，销售渠道也更加完善，精酿啤酒的销售渠道也从旅游景区延伸到大城市的酒吧、便利店、电子商务渠道等。

第三节 新西兰，酒花开启的精酿新世界

除了美国，精酿啤酒最为著名的就是新西兰了。凭借独有的啤酒花资源，新西兰的发展模式使它成为近些年啤酒市场上发展最快

的新星之一。根据 ANZ 公司的行业分析报告，从 2008 年起，新西兰啤酒总体销量下降了 12%，但仅在 2015 年一年，精酿啤酒新西兰本土的销量逆势增长 42%，占全国市场 13%。

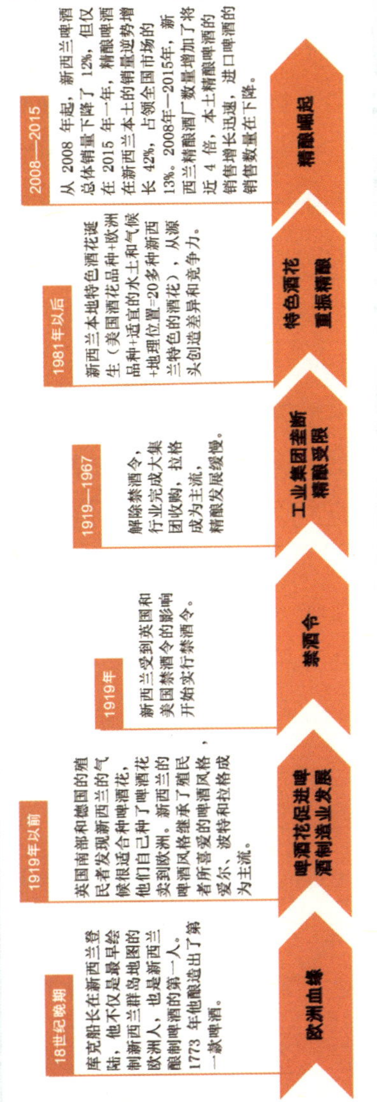

图 4-6　新西兰啤酒发展历程

一、丰富的啤酒花自然原料，从源头创造差异和竞争力

新西兰精酿啤酒的发展有其独特的地理环境带来的自然资源上的优势及相对较为冷僻且安静的市场带给创业者的创新动力，显示了新西兰在精酿世界中不同的特点。

新西兰有稳定宜人的气候和充足的阳光，依托这样优越的气候环境，很多从欧洲、美洲传入的啤酒花不仅能和牛群羊群在新西兰大地上共处，而且还吸收了丰富的热带水果香味，以及隐藏在香甜之下的苦味，新西兰啤酒花的独特韵味可谓是酿酒神器。新西兰拥有如此品质的啤酒花，自然就有资源、有空间开发精酿啤酒的无限可能了。2016 年，新西兰就有 1600 种口味啤酒，各种酒精度都有，以酒精度在 4.4%—5% 的啤酒增长速度最快。

在拥有得天独厚的啤酒花资源的同时，新西兰坚持按照原始的一百年前的手工方法来酿造啤酒，而不像其他啤酒厂那样，买流水线的机器回来，像生产汽水一样注入啤酒糖浆和起泡，一分钟灌装数千瓶啤酒，然后推入包装传送带。传统的手工酿造，保证了啤酒口味的纯正性和多样性。

在新西兰，不分工业啤酒厂和精酿啤酒厂，而是以规模大小来分类的。一家小型酿酒厂的产量不能超过一年内全国生产啤酒总量的 1 %，那么它就是精酿。以 2015 年为例，2015 年新西兰啤酒的总产量为 2.44 亿升， 那么 1% 就是 244 万升。我们以已经上市的新西兰最大的小型酿酒厂 Moa（摩亚）为例，2015 年其生产了约 210 万升，依然在小型酒厂范畴。据统计，2016 年新西兰已有 194 家小型酒厂生产精酿啤酒。充满竞争的环境，使精酿啤酒在品质、种类的丰富性上得到了极大的开发。

二、新西兰有众多市场尝鲜者，勇于尝试别人不敢尝试的商业模式，发现机会

由于精酿行业的蓬勃发展态势，投资者非常青睐甚至热衷于开创一家小型的啤酒厂，所以精酿行业热度呈现上升态势。

国际资本如麒麟、喜力在 2016 年和 2017 年分别收购了 Panhead 和 Tuatara，而新西兰本土的资本在精酿行业中扮演的角色就如新西兰的精酿一样，玩法多样。如表 4-5 所示。

表 4-5　新西兰精酿模式

品牌	特点	商业模式
Moa	新西兰第一大自有精酿品牌、唯一一家上市的啤酒公司	产品品质 + 资本扩张： 坚持使用酿造葡萄酒的高成本、低效率、劳动密集型的方式做精酿，不排斥资本市场
Parrot Dog	年轻无畏的精酿品牌	新型资本扩张，用众筹筹集资本。Parrot Dog 没有选择酒厂常用的最初增长方式——创始股东出资，也没有选择大型收购和股票交易，他们选择用众筹这种方式来建造一个新的、更大的啤酒厂
Garage Project	抵制大幅扩张，专注啤酒实验的精酿品牌	产品为王，专注产品创新开发，24 周生产 24 种啤酒。他们不像传统的啤酒模式一样将 60% 或 70% 的利润再次投入产能，不会把追逐产量作为工作的重点

要么以产品为王，足够引发资本的关注；要么把创新思维引入传统的行业中，做跨界的资本筹集，和精酿爱好者一起做股东。因此，精酿品牌在寻求资本时，如何把对精酿品质和工艺的坚持与创新、资本市场的多样运作结合起来，不妨换种思路。

第四节

比利时和德国，技术和文化成就的精酿国度

德国和比利时都是有着悠久啤酒传统文化的国家，不仅发展了很多独具特色的酿造技术和啤酒风格，同时也是为数不多的在传统啤酒文化的塑造和保护上做得相当出色的国家之一。

一、比利时、德国的啤酒发展史

比利时在啤酒领域是先驱者，是精酿啤酒的发祥地。作为精酿历史最长的国家，他们的啤酒酿造历史甚至长于比利时的独立国家史，其可以追溯到1096—1099年，即第一次十字军东征的年代。比利时精酿啤酒以修道院派啤酒最为出名，世界上只有6种啤酒在修道院酿造，这6种修道院啤酒均位于比利时。

德国不仅是啤酒消耗量最大的国家，也是世界第二啤酒生产大国。在德国有1300家啤酒厂，生产的啤酒种类有5000多种，而根据官方统计每个德国人平均每年喝掉138公升啤酒，德国全年竟可消耗高达600万公升啤酒。世界上再也找不到比德国人更热爱啤酒的了。得益于啤酒纯酿法的严格规定，德国啤酒曾是优质啤酒的代名词， 然而也因此，限制了德国精酿啤酒的发展。与精酿啤酒的崛起势头相比，德国的老三样黑白黄显得越发风雨飘摇。

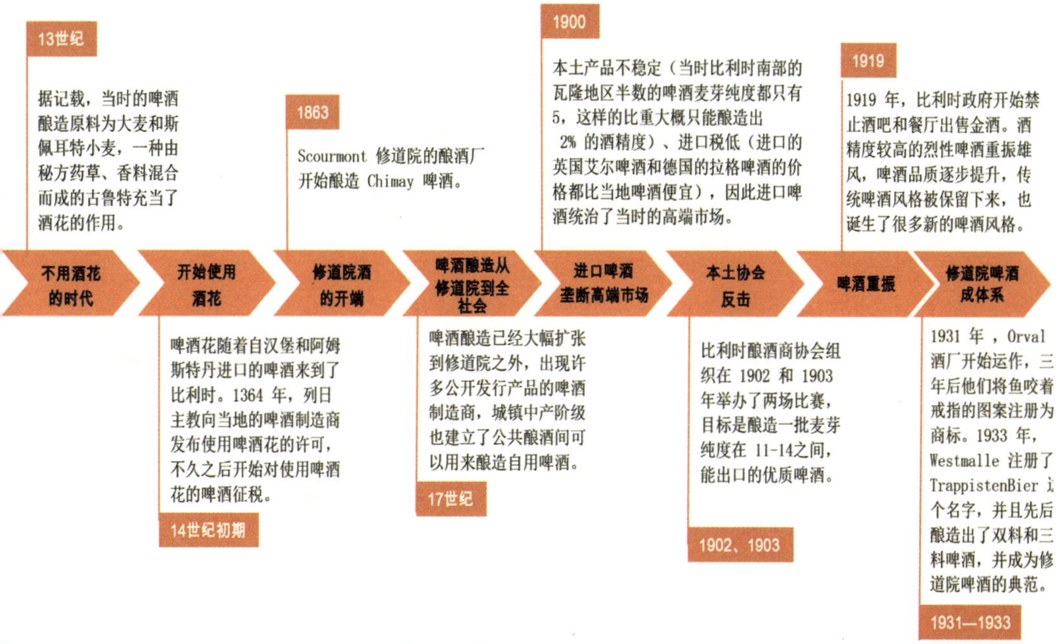

图 4-7　比利时啤酒发展历程

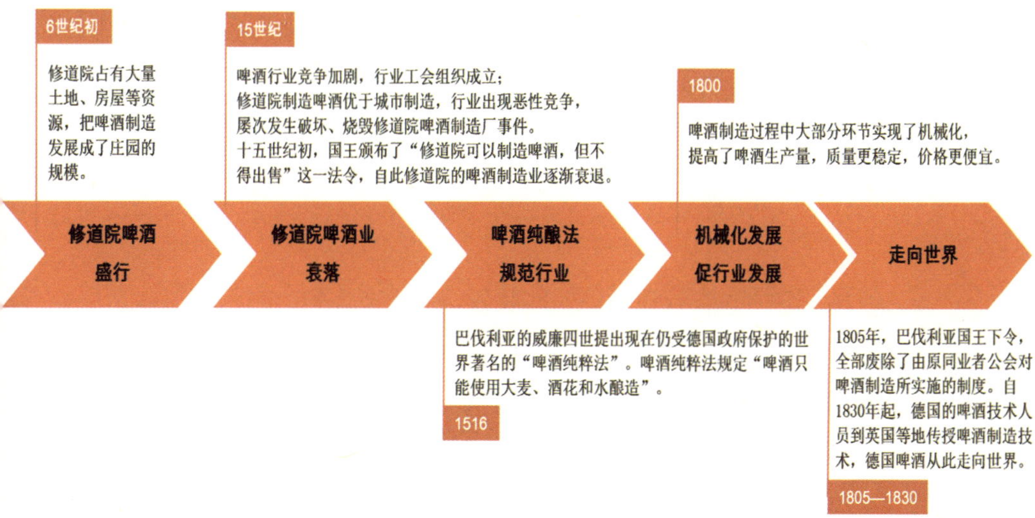

图 4-8　德国啤酒发展历程

二、比利时、德国精酿发展特点

德国、比利时精酿发展首先是悠久历史和文化的深远影响，其次严格的技术要求保障了精酿啤酒的品质。如表 4-6 所示。

表 4-6 比利时和德国精酿发展特征

	比利时	德国
啤酒产业特点	·啤酒厂数量多（陆地面积 30528 平方千米，但却拥有 178 家啤酒厂） ·以修道院派啤酒最为出名，世界上仅有的 6 种修道院啤酒均产于比利时	·世界第二大啤酒生产国，啤酒消耗量最大的国家 ·德国啤酒厂众多。全国有 1300 多家啤酒厂，生产的啤酒种类有 5000 多种 ·生产严格。在 1516 年颁布了《德国啤酒纯酿法令》，规定德国啤酒只能以大麦芽、啤酒花、水和酵母四种原料制作，所以近 500 年来德国啤酒成了纯正啤酒的代名词
啤酒文化	·精酿历史最长的国家 ·比利时啤酒及酿酒文化被联合国教科文组织列入人类非物质文化遗产名录——“制作和品尝啤酒是比利时各个社区的一项活态传统，在日常生活和节日习俗中扮演着重要角色。包括修道院在内的各个社区制作近 1500 种啤酒，精酿啤酒尤其流行。啤酒还被用来烹饪、制作啤酒奶酪等产品，以及和其他食品搭配。这项传统在家族、社交圈、酒厂、大学和公众培训中心传承”	·啤酒吧的数量比饭店、商场、旅店的总和都多 ·独特的喝啤酒习惯，搭配下酒菜（火腿、香肠、起司萝卜片、甜菜根），或者空腹喝啤酒
饮酒氛围	比利时和德国的啤酒文化不仅包含酒的文化，也包含大大小小的啤酒厂、博物馆、酒馆和酒吧文化，甚至包含输酒管道的文化	

但是，欧洲啤酒酿造历史如此悠久，啤酒文化如此深远的国家，可以说啤酒已是生活不可分割的一部分，然而在当代却并没有成为精酿的主力军，让人不禁思索。笔者认为原因有以下几点：

第一，从德国的案例中我们可以看到政策对行业的影响，在德国这个热爱啤酒同时原材料又相当丰富的国家，精酿的式微很大程度上与德国啤酒纯酿法有关。

第二，商业化运作不够，啤酒文化深远也导致当地的消费者更偏爱附近的酒馆，往往有名的啤酒只能在当地喝到，出了该地区就无法买到。因此固有的啤酒文化和观点阻碍了精酿啤酒的商业化扩张，也反过来限制了啤酒文化的传播。

有悠久酿造技术和深远传统啤酒文化的国家，精酿尚且难以形成市场，那么在中国，精酿品牌要走的路会更长。

第五节 各国精酿竞争格局的启示

中国的精酿市场未来会走向何方？是更倾向于美国式的多样化的小品牌，还是日本式的大厂商主导？现在下这个定论也许为时过早，但至少我们能思考一下差异所在。

中国精酿市场是否会像美国一样兴旺发达？答案是：有点难。

如表 4-7 所示，美国精酿的崛起，除了深厚的啤酒文化和传统外，跟战后婴儿潮一代有着有千丝万缕的关联。一出生便是中产阶层的趣味支撑了精酿啤酒市场的发展。但中国精酿的情况则完全不同，20 世纪 90 年代先富起来的那群人的生活追求不脱农业社会的思维惯性，他们不是精酿的消费者。

和美国精酿市场相比，中国没有 club 文化，酒馆应该提供足够多的 on tap 啤酒，这就要求有足够多的本地酿酒者。中美精酿在核心精神上有差异，美国精酿的魂在于嬉皮士、反主流、反资本主义、反工业化，而中国精酿的核心是中产阶层趣味。如果激发培养不起来中产阶级的精酿啤酒生活趣味和文化，精酿市场的前景堪忧。而且中国精酿所需要的农产品的质量并不高。麦芽、各种糖浆、新鲜且糖度高的水果、多样的酒花都十分缺乏。

还有中国的家酿文化并不发达，有钱且有时间的人不多，而真正有钱又有时间的人对红酒的关注度更高。以上种种因素相加，我们相信，中国精酿市场很难复制美国道路，最终将走上一条有中国自身市场特色的精酿发展和市场之路。

反倒是日本的精酿市场，值得我们借鉴。

同样没有深厚的啤酒传统，同样的东方群体文化，同样是几大啤酒厂商的市场集中，日本的精酿最后呈现出了两大显著特征，一是最后仍由传统的几大啤酒厂商控制大部分市场，二是走向了和本地区域文化相结合的道路。日本并没有像美国一样在酿造自由的旗帜下实现亚文化的丰富性商业表达。

但中国的市场情况又比日本复杂得多，这种复杂性既体现在中国市场的纵深分层性，也体现在文化差异的多元性上，比如，一、二线城市的 90 后已经是自我人格发育最为健全的一代人，他们也更能够接受来自西方的各种现代理念，而三、四线城市在文化上则仍显得传统和保守。再加上中国市场本身受经济、人口、技术、文化等快速变化的环境影响，市场自身存在着太多的不确定性，在这种环境下，任何一家身处精酿行业的企业，都必须先想明白自己想要获取的目标市场是哪个，对相应的市场容量有个清晰的认知而不是盲目的乐观，在此基础上才能设定合适的战略目标，制订相应的战略路径。

表 4-7　各国精酿啤酒推动因素对比表

	美国	日本	新西兰	比利时、德国	中国的思考?
制度法规	保护小型啤酒厂	维护大型啤酒厂	保护小型啤酒厂	酿造规范法规	·暂无相关制度法规 ·对政策的倾向性目前不明确
历史传统	·家酿传统悠久 ·人才储备充盈 ·社会推崇个性化	·品类多样 ·大型酒厂垄断 ·精酿是高端产品	·本土特色酒花 ·本土创新 ·大小厂共同发展	·修道院啤酒历史悠久 ·拥有传统酿造技术	·啤酒品类单一 ·人才储备不足
商业特点	·精酿定义清晰 ·上下游产业链较完整	·精酿定义模糊 ·本地化理念鲜明	·原料特色鲜明 ·传统手工酿造	无精酿定义	·精酿定义模糊 ·上下游产业链未形成 ·原材料供应欠缺
文化影响力	·悠久啤酒文化 ·社会文化思潮推动	·外来啤酒文化影响 ·社会个性化文化推动	·外来啤酒文化影响 ·独立创新文化推动	·悠久本土啤酒文化深入人心 ·比利时啤酒文化成为世界非物质文化遗产	·有黄酒或白酒文化 ·没有受啤酒文化消费升级的浪潮影响
协会助推力	·举办大赛、啤酒展览会 ·各种考试认证美国体系建设	影响法规制定	精酿协会	酿造商协会共推产品发展	举行各种活动
社会消费力	中产阶级占比高	老龄化社会，中坚消费群体正在减少	大众消费	大众消费	中产阶级崛起

表 4-8　各国精酿行业竞争格局对比表

	美国	日本	新西兰	比利时	德国	中国
精酿占比	21%	1%	13%		0.5%	0.3%
精酿竞争格局	第一阵营：以区域性独立精酿酒厂为主 第二阵营：小型独立精酿酒厂 第三阵营：大厂旗下精酿品牌	第一阵营：大厂旗下精酿 第二阵营：小型独立精酿酒厂	第一阵营：区域性独立酒厂	第一阵营：区域性独立精酿酒厂 第二阵营：酒馆自酿	第一阵营：区域性独立精酿酒厂 第二阵营：酒馆自酿	第一阵营：大厂旗下精酿 第二阵营：区域性独立精酿酒厂 第三阵营：小型独立酒厂 （预测）
竞争范围	全国性	全国性	区域性	区域性	区域性	全国性
行业发展阶段	成熟期	快速成长阶段	快速成长阶段	快速发展阶段	快速发展阶段	快速成长阶段
竞争市场特点	完全竞争	寡头垄断	完全竞争	完全竞争	完全竞争	寡头垄断 （预测）
产品特点	创新酒花的运用	受德国影响 皮尔森和小麦风格流行	酒花是核心力量	独具特色的风格 传统啤酒保护 对酵母的运用	啤酒纯酿法影响 风格单一麦芽占比 50%	受美国影响较大 IPA 和小麦啤酒是最常见风格
渠道特点	酒吧和餐饮为主	酒吧和餐饮为主	出口为主	小酒馆文化	小酒馆文化	酒吧和餐饮为主
文化特点	亚文化催生	本地文化	创新融合文化	修道院文化	巴伐利亚式文化	亚文化和本地文化
商业运作	资本力量扩张	资本力量扩张	资本力量扩张	品牌化运作较少	品牌化运作较少	资本力量扩张

5 我们离消费者有多远？

WOMEN LI XIAOFEIZHE YOU DUOYUAN

消费者需求是决定未来商业发展的动力。特别是面对当前复杂、模糊、动态、不确定的新时代，能够拯救企业的，不是见招拆招的短期对策和做法，而是意义恒久的基本原则——为顾客创造价值。而要做到为顾客创造价值，就必须清晰两个问题：一是谁是你的顾客？二是顾客的价值需求是什么？

对消费者需求的分析通常有两个角度。一个是微观角度，即分析某个典型消费者的需求状况、心理行为选择特征。这些典型消费者，往往也代表了某一类商品的消费者。比如，家酿爱好者、从事创意工作的一线城市广告公司人员、传统啤酒消费者……不同类型的消费者，对精酿的认知、理解、需求、选择方式都有不同。另一个是宏观角度，即从整个市场和社会的角度，来分析行业需求的特点和变化。

这一章中，我们侧重于从第一个角度来探讨，我们选择了一些不同行业、不同城市、不同类型的典型消费者进行访谈，以更好地了解他们的行为特征。精酿行业需在提高精酿产品品质基础上，做好精酿的多样化体验，提供给精酿啤酒消费者产品、体验、品牌甚至商业模式的对话机制，引领新的生活方式的出现和新的消费模式的产生。暂且忘掉酿酒技术，忘掉盈利模式，关注你的消费者，这意味着精酿啤酒行业需要思考得更广阔，更深远。

第一节 精酿圈的消费者

我国精酿市场还不成熟，大多精酿品牌以普及精酿概念、传播精酿文化、教育消费者、培养消费习惯为己任。于是我们可以看到铺天盖地的精酿啤酒节和内容大同小异的精酿知识文章，品牌想要表达、传递的东西太多却往往忽略了消费者他们想要什么。

根据消费者对精酿的认知和饮用频次，我们将消费者分为四类：

第一类是精酿爱好者。他们的特征是对精酿啤酒的品牌、知识很了解，对精酿有鉴赏能力，日常饮用频次较高，他们是精酿啤酒"初期采纳者"，是精酿啤酒最坚实和最基础的消费者和创新扩散者。

第二类是精酿的普通消费者。他们的特征是对精酿品牌有一定的了解，对精酿知识有基本的了解但并不专业，日常会有意识地选择几种精酿饮用，他们是精酿啤酒"早期主流人群"，是精酿啤酒目前重点关注的和近期发展的基本消费者和传播扩散者。

第三类是精酿的潜在消费者。他们的特征是对精酿了解很少，可能在无意中喝过一些精酿啤酒或者德国啤酒，知道啤酒不止几大巨头品牌，日常饮用频次很低，他们是精酿啤酒"晚期主流人群"，是精酿啤酒未来培养发展重点开发的普通消费者。

第四类是普通啤酒消费者。他们的特征是没有喝过精酿啤酒，对精酿一无所知，不愿意为精酿支付更多的费用，是精酿啤酒"后知后觉者"。

根据罗杰斯的创新扩散理论，创新的采用者可以分为创新采用者、早期采用者、早期大众、晚期采用者和落后采用者。创新采用者（Innovators）是勇敢的先行者，自觉推动创新。创新者在创新交流过程中，发挥着非常重要的作用。

早期采用者（Early Adopters）是受人尊敬的社会人士，是公众意见领袖，他们乐意引领时尚、尝试新鲜事物，但行为谨慎。

早期大众（Early Majority）是有思想的一群人，也比较谨慎，但他们较之普通人群更愿意、更早地接受变革。

晚期采用者（Late Majority）是持怀疑态度的一群人，只有当社会大众普遍接受了新鲜事物的时候，他们才会采用。

落后采用者（Laggards）是保守传统的一群人，因循守旧，对新鲜事物吹毛求疵，只有当新的发展成为主流，成为传统时，他们才会被动接受。

在罗杰斯看来，创新扩散的传播过程可以用一条“S”形曲线来描述。如图 5-1 所示。

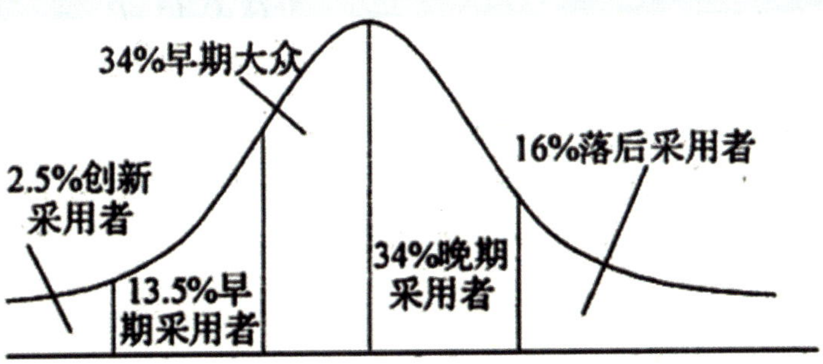

图 5-1　罗杰斯创新扩散理论

图片来源：http：//www.ccin.com.cn/ccin/news/2014/08/01/301073.shtml

在扩散的早期，采用者很少，进度也很慢；当采用者人数扩大到人口的 10%—25% 时，进度突然加快，曲线迅速上升并保持这一趋势，即所谓的“起飞期”；在接近饱和点（staturated point）

时，进展又会减缓。整个过程类似于一条“S”形的曲线。在创新扩散过程中，早期采用者为后来的起飞做了必要的准备。这个看似“势单力薄”的群体能够在人际传播中发挥很大的作用，劝说他人接受创新。在罗杰斯看来，早期采用者就是愿意率先接受和使用创新事物并甘愿为之冒风险的那部分人。这些人不仅对创新初期的种种不足有着较强的忍耐力，还能够对自身所处各群体的意见领袖展开“游说”，使之接受以至采用创新产品。之后，创新又通过意见领袖们迅速向外扩散。这样，创新距其“起飞期”的来临已然不远。

罗杰斯指出，创新事物在一个社会系统中要能继续扩散下去，首先必须有一定数量的人采纳这种创新物。通常，这个数量是人口的10%—20%。创新扩散比例一旦达到临界值，扩散过程就会“起飞”，进入快速扩散阶段。饱和点（saturated point）的概念是指创新在社会系统中一般不能100%扩散。事实上，很多创新在社会系统中最终只能扩散到某个百分比。当系统中的创新采纳者再也没有增加时，系统中的创新采纳者数量（绝对数量表示）或创新采纳者比例（相对数量表示），就是该创新扩散的饱和点。

精酿品牌所做的产品和营销目前更多的是面对“精酿爱好者”，即早期的采用者，并且开始试图影响“精酿普通消费者”，即早期大众。目前“精酿爱好者”的数量较少并且对精酿已经有很深的认知，他们在精酿的选择上有很强的判断力。但是精酿行业要发展，精酿品牌应该将目光对准“精酿普通消费者”和“精酿潜在消费者”，扩大受众面，让精酿走出圈子，进入广阔的大众市场，实现和精酿文化价值相对称的收益。

当然，消费者细分的方式远远不止一种。一般来说，消费者的细分方式可以有以下四种角度：

第一是人口社会经济地理维度，包括国家、地区、城市、农村、气候、地形、周边辐射圈、年龄、性别、职业、收入、教育、家庭人口、家庭类型、家庭生命周期、国籍、民族、社会阶层等。不同要素对不同行业的影响会有不同。以啤酒行业为例，地区的差异性一直存在。而在城市当中，明显外国人聚集较多的城市和区域，精酿发展得更好一些。而男女性别的差异，事实上对于精酿也有不同的影响，现在在精酿啤酒圈中，女性喝啤酒的比例会高很多。在常州“啤加满”店中，女性爱点的林德曼樱桃卖得非常好。在调研中发现，精酿爱好者最开始是一大批中年男性，甚至他们喊出“不喝精酿，不足以谈人生”的口号，精酿丰富而醇厚的口感，正好对应了他们复杂而丰富的人生经历和感悟。而现在，越来越多的年轻人把喝精酿当成是一件很时尚的事情。可见，除了性别差异外，不同年龄的人对于精酿的认知也是有差异的。如果说传统啤酒更多是蓝领工人喝的，那么精酿似乎是中产阶层的标配。他们的喜好、需求、担忧、痛点、骄傲成为精酿啤酒营销中最为重要的内容。而且，对精酿接受度最高的“精酿普通消费者”，基本都有海外留学或工作的背景，对于精酿这一事物，他们并不陌生。

第二个维度是消费者的个性心理动机态度，比如消费者的个性、生活方式、对商品或服务感受的偏爱，对商品价格反应的灵敏程度，及对企业促销的态度等等。在调研中我们发现，面对精酿这种新事物，消费者的态度有所不同：有些人想喝精酿，但是担心它的卫生安全问题；有些人想喝精酿，又觉得精酿价格太贵；有些人敢于尝试新事物，有些人趋于保守。

第三个维度是消费者的行为细分标准，包括消费频率、消费金额、消费场景、产品购买渠道、媒体接触差异等。精酿企业在精酿啤酒的销售中，探索和思考得最多的便是消费场景和产品购买渠道了。传统的精酿啤酒一般是在精酿酒吧或啤酒吧销售，但是这样影响人群较少。如何让更多的普通消费者喝到精酿，爱上精酿？在和塔罗斯的沟通过程中，我们曾经探讨过家用精酿的市场、自助式精酿啤酒设备、旅游景点的精酿销售、社区小精酿酒吧的体验营造、分发式精酿啤酒饮用方式改进及外带式精酿啤酒等各种创新的饮用场景和销售渠道的种种可能，我们也相信这些创新的消费场景将为精酿带来更广阔的市场空间。

第四个维度是亚文化的价值取向。这一点在前面的章节已经分析很多。美国的精酿更多基于波希米亚的精神文化，向自由和创新致敬。日本的精酿更多和本土文化相结合。其实在中国的啤酒行业中，啤酒也曾经是一个区域最为著名的风物之一。甚至很多商旅人士到一个地方都喜欢喝当地的啤酒。啤酒成为最能代表一方水土的物产。在中国啤酒的营销史上，有一个非常著名的广告——力波啤酒。2001 年前后，力波啤酒凭借“喜欢上海的理由”这一广告语，在上海市场从三得利手中抢回了颇多的市场份额。“上海是我长大成人的所在，带着我所有的情怀，第一次干杯，头一回恋爱，在永远的纯真年代；送走港台同胞，迷上过老外，自己当明星，感觉也不坏，成功的滋味，自己最明白，旧的不去新的不来。城市的高度它越变越快，上海让我越看越爱；好日子，好时代，我在上海，力波也在。”这个广告歌词几乎唤起了所有上海人的归属感和自豪感，从而也获得了商业上的巨大成功。今天，对于精酿啤酒而言，如何融合一个城市的文化，唤起城市居民的心理认同，是一个非常大的挑战。

以上四类消费者的细分方式是较为通用的细分方法。每一个企业都有必要根据自身的资源和能力，选准自身的细分市场，并更多深入地了解消费者的需求，其中最有效的方法便是对典型消费者进行深入的访谈。

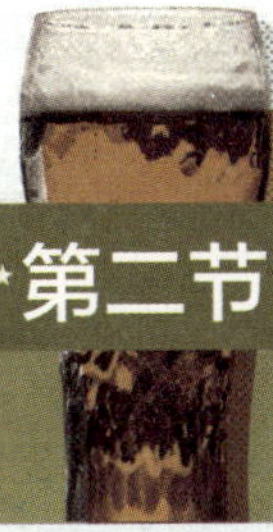

第二节

典型消费者访谈

对精酿消费者的心理、行为的研究不仅可以对精酿产品开发有所启发，对精酿的营销推广工作也有很大的帮助。通过了解目标消费者的消费习惯和媒体接触习惯及对精酿的认知，来更好地研究精酿品牌的产品开发方向、对消费者传达的内容和渠道及精酿概念的传递方法。不管是成熟的精酿品牌，还是新兴的精酿品牌，都应对消费者有准确深入的认识，用以“用户为中心”的态度吸引和服务好更多的消费者。

消费者的啤酒消费习惯是什么样的？

消费者的精酿消费习惯是什么样的？

消费者对精酿的认知处在什么阶段？

消费者获取精酿知识的渠道是什么样的？

我们选取了来自不同地域（一线、二线城市），以及不同行业（如媒体领域、教育培训、艺术设计领域、国企体制内和普通企业）的一些消费者进行深入访谈和交叉对比研究。他们分别是上海某培训机构王老师、杭州90后国企职员小刘、上海4A公司CANDY、杭州某三甲医院张医生、大理中国电信员工陈女士、深圳某猎头公司职员小卡、杭州某文创品牌创始人芳姐、宁波某外贸公司秘书欣儿。

消费者的啤酒消费习惯已经定型，精酿品牌想动摇消费者消费意愿需要长期努力

问题一：一般在什么场合喝啤酒？喝什么品牌的？

杭州某三甲医院张医生：

和朋友吃饭、去 KTV 的时候常喝啤酒，喜欢喝青岛扎啤，清淡的口感大家都喝得惯，而且不容易喝醉。一般一瓶不超过 10 块钱吧。

深圳某猎头公司职员小卡：

我最喜欢自己喝啤酒是这样一种状态——先把房间打扫干净，再准备好干净的浴巾和睡衣，泡个热水澡。一身清爽后看着刚更新的《权力的游戏》，喝着冰镇的粉象。这是我生活中最放松的时间，不管喝多少，心情都绝不会悲伤或寂寞。只是非常单纯地感受到幸福。

上海某培训机构王老师：

我经常和朋友在大排档、露营的时候喝啤酒，一般都是喝嘉士伯和喜力，但也不绝对，搞活动促销的品牌我们都会尝试喝喝看。

问题二：一般购买多少价位的啤酒（每瓶）？

杭州 90 后国企职员小刘：

只要是我喜欢的啤酒，不太会关注价格。一般会买 30 元 / 瓶的精酿。

大理中国电信员工陈女士：

一般都购买 5—10 元 / 瓶的啤酒，所以经常买青岛和科罗娜。

问题三：一般在哪里买啤酒？

杭州某三甲医院张医生：

一般就在餐厅、KTV 和超市买啤酒，既方便还经常有促销活动。

杭州 90 后国企职员小刘：

我喜欢喝精酿，所以经常在淘宝或者京东上买，种类多而且能送货上门，有时候也会去进口超市买。

上海某培训机构王老师：

我平时会在百度上看看大家都在推荐什么精酿啤酒，顺手就在京东上下单了。淘宝很多店都推出了尝鲜套装，就是热门酒的套餐，我很喜欢这种套装，能喝到不同味道的酒。

消费者的精酿消费习惯两极化，培养丰富多样的消费行为需打造精酿文化

问题四：喝过精酿吗？第一次是什么情况下喝的？

杭州 90 后国企职员小刘：

喝过。第一次应该是在餐厅吃饭的时候喝的，当时菜单上有提供福佳白（应该算精酿吧），因为好奇点的，味道还不错。

宁波某外贸公司秘书欣儿：

喝过。第一次是一个外贸公司的朋友送给我的，她说这种啤酒和我们平时喝到的啤酒味道都不一样，我就尝试了一下，确实不一样，味道比之前喝过的啤酒口感要厚重浓烈很多，颠覆了我对啤酒的认识。

上海 4A 公司 CANDY：

喝过。大概是在 2016 年，同事约我去上海的一个精酿酒吧喝的。当时觉得很好玩吧，啤酒里还能加花椒、胡椒、水果、咖啡这么多花样，很潮。

问题五：一般都去哪里喝精酿？

上海 4A 公司 CANDY：

我一般都会去精酿集合店喝，店里不仅有很多名声在外的大品牌，而且会有很多小众的但是味道很好的品牌。去店里喝，还能碰

到很多喜欢精酿的小伙伴，还有外国人，大家会聊聊自己喜欢的酒，会互相推荐，氛围很好。

深圳某猎头公司职员小卡：

每个月都会和男朋友去酒吧喝鲜酿，偶尔会在京东买瓶啤，我觉得鲜酿的口感更好，而且一般这种精酿酒吧的清吧氛围蛮适合约会的，所以去鲜酿吧喝精酿是我的第一选择。

大理中国电信员工陈女士：

我现在不怎么去酒吧喝精酿了，因为同款的酒在淘宝京东上都能买到，还便宜，我都是网购了回家喝。

问题六：最喜欢的精酿品牌是哪个？

杭州某三甲医院张医生：

比较喜欢的应该是酿酒狗吧，因为我喝过的精酿也不多，基本上都是女朋友推荐的，还没有遇到最喜欢的酒。

杭州 90 后国企职员小刘：

我没有最喜欢的品牌，但是最喜欢 IPA，因为我喜欢苦一点和浓郁一点的，但是修道院那种特别浓郁的有点过了。

大理中国电信员工陈女士：

我好像都不清楚有哪些精酿的品牌，一般就是朋友推荐喝什么牌子，或者是什么牌子在打折就喝什么。

消费者对精酿的认知程度不一，大部分对精酿认知模糊，品牌和行业应尝试改变传播精酿文化的形式和内容，从消费者特点出发才能让消费者接受。

问题七：你知道什么是精酿吗？

上海某培训机构王老师：

精酿就是喝起来更苦，味道更重，价格更贵的啤酒吧。

杭州 90 后国企职员小刘：

印象中好像美国酿酒师协会对精酿酒厂的定义有三个标准："小的、独立的、传统的"。我觉得精酿就是酿酒师个性的一种符号，每一种精酿都代表着品牌对品质的坚持。精并不等于小，用时下流行的话说，精酿应该就是匠心吧。

问题八：你觉得精酿和普通的啤酒有区别吗？有什么区别？

杭州某文创品牌创始人芳姐：

在口感上，我觉得精酿不像啤酒能豪饮，因为它不仅苦味更重，而且需要回味；在喝酒的氛围上，精酿是一种更加安静、密友聊天的氛围下喝的，而啤酒就是喝到嗨的那种氛围。当然啦，精酿的价格也比大排档卖的啤酒贵。

杭州 90 后国企职员小刘：

我觉得工业啤酒，包括扎啤还是很适合当水喝的，甚至你喝水都喝不下一箱，但是百威能喝一箱，所以吃饭的时候可能还是会喝工业啤酒。精酿啤酒的口感和工业啤酒很不同，感觉定位是介于工业啤酒和高度酒之间的东西，并且口味变化很多，很有意思，很容易找到个人风格，是主角，所以适合脱离饭桌的场景吧，就着菜喝的话，浪费了。

杭州某三甲医院张医生：

精酿的种类和口感都比普通啤酒多太多了。一般的啤酒顶多是加点水果，变成水果啤酒，口感上也不会有太大的不同；而精酿啤酒如果是加了咖啡或者水果，口感上的变化还是很明显的，能真的喝到配料里有的味道。

大理中国电信员工陈女士：

区别肯定是有的，至少我觉得酒精度更高，价格也更贵呀，喝起来的味道也更多样，至于别的区别我就不知道了。

上海 4A 公司 CANDY：

普通的啤酒一直给我一种廉价低档的感觉，虽然在大排档的时候会和朋友们喝，但是喝了精酿以后我更愿意选择精酿。就像认真喝过现磨咖啡以后，对袋装咖啡就不太喜欢了。精酿给我的感觉就是每个品牌都有属于自己的味道，而且有很多你意想不到的配料，我觉得酿酒师们都很有想法。而且我更偏爱精酿酒吧的鲜酿，它的风味比瓶啤的更加清新和舒服，当然也贵咯。

问题九：你觉得什么是精酿文化？

杭州某文创品牌创始人芳姐：

所谓文化说到底就是一种态度，做文创和做精酿都是一种态度，我觉得精酿文化就是一种勇于尝试、创新和不同的态度吧，这可能也是精酿相对于工业啤酒的魅力所在。

杭州 90 后国企职员小刘：

我觉得精酿文化是一种精神和态度，是一种品味生活、年轻探索的生活态度。敢生活，从敢尝试精酿开始。

上海某培训机构王老师：

虽然经常听到德国啤酒文化、美国啤酒文化、精酿文化这样的名词，但我其实并不知道这些文化究竟是什么。抽象的文化都应该通过具象的事物表现出来，精酿的品牌、产地、喝法、种类就是精酿文化吗？我也不确定。

消费者一般从微信、微博、知乎上搜索精酿知识，内容仅限于品牌推荐和口味推荐，企业在传播精酿知识时可以尝试多样的内容营销，挖掘消费者的真实信息需求。

问题十：你会上网搜索精酿的相关内容吗？

上海 4A 公司 CANDY：

在刚开始接触精酿的时候，我会去知乎看看大家主要在喝什么牌子的精酿，有什么特别不一样的口味；喝的时间长了以后我也会搜索一些精酿和食物的搭配方法，这样就可以自己在家做吃的了。

杭州90后国企职员小刘：

我关注了很多跟精酿相关的公众号，像“精酿圈”“啤博士”，因为喝酒是我的爱好之一，所以和酒相关的公众号我都会关注。一方面希望能看到更多新鲜不同的精酿，另一方面也喜欢对精酿有更深入、专业的了解，这样以后再喝精酿会更有感觉。

杭州某三甲医院张医生：

我一般在上网买酒之前会去知乎看看大神推荐的品牌和口味，精酿种类太多，实在不知道怎么选。

问题十一：你觉得现有的精酿知识对你有什么价值？

深圳某猎头公司职员小卡：

最直接的作用就是能帮我筛选我想喝的精酿。因为市面上的精酿品牌很多，光凭名字是想象不出来它的口感的，但是又不可能都买回来尝试。这时候别人的“品酒帖”就起到了参考的作用，至少能给我描述出真实的味蕾状态，希望以后能看到更多大神的“品酒帖”。

上海某培训机构王老师：

看了精酿和食物的搭配推荐以后，女朋友再也不用担心我只会买鸭脖当下酒菜了，约会的质量都提高了，哈哈哈。

杭州某文创品牌创始人芳姐：

我觉得精酿知识让我有机会从另一个角度认识了美国、日本、新西兰等精酿国家的社会文化，是学习社会文化的一种很好的方式。像从日本精酿和美国精酿的对比中就能发现，为何制度的不同会影响到精酿发展的不同，很希望以后能看到更多有关精酿社会文化、从精酿看世界的知识。

第三节 对中国精酿品牌的启发性思考

从以上的访谈中，我们可以得出一些对中国精酿品牌的启发性思考：

1. 消费者的消费习惯已经定型。

啤酒消费的目的、场景、主要产品、价格已分化成两种：聚会型和个人享受型。精酿可从个人享受型的消费习惯入手，尝试进入消费者的习惯，因为这和精酿自我挑战、创新、坚持的态度吻合。不要妄想马上改变他们的消费习惯，而应该想清楚从什么渠道、用什么方式使精酿成为消费者的饮用习惯之一。

2. 精酿爱好者的习惯不用刻意去引导和培养。

非精酿爱好者的饮酒习惯不易被引导和培养，所以精酿品牌不应抱着让所有人爱上精酿的态度教育所有的消费者，应该瞄准目标，寻找自己的种子用户，尽量利用意见领袖的力量影响其他目标用户。

3. 精酿知识的传播要更加多元和创新。

目前大众媒体上的精酿知识以“推荐帖子”和“讨论精酿和工业啤酒”等内容为主。精酿品牌应想清楚，消费者真正想看到的精酿知识是什么，哪些专业的精酿知识对消费者而言意义不大。精酿知识的传播可更加多元化、创新化，制造和筛选更多消费者能互相讨论的话题和内容，增加消费者对精酿的兴趣。

4. 精酿品牌在向用户传递品牌声音前应该自问几个“为什么”。

建立消费者的精酿认知有意义吗？需要投入多少精力、人力和财力？大概多久能有成效？我的品牌要向消费者传递什么样的精酿文化？传播的重点是什么？我在向消费者传递精酿知识的过程中，应该是什么角色（教育者、行业领导者、朋友）？应该用什么样的口吻和消费者沟通？我要通过什么渠道和消费者沟通？

5. 精酿啤酒要替代工业啤酒，需要价值定位。

如果精酿啤酒要替代传统的工业啤酒，那么针对普通消费者的价值是什么？精酿行业一贯在贩卖的文化对普通消费者的吸引力是什么？普通消费者能接受的精酿溢价是多少？如何用一种新的方式让消费者接受精酿？

所以，对于无论是大厂品牌介入的精酿从业者，还是小众品牌的精酿圈从业者来讲，在对自身商业模式或品牌定位时，所有的人都应该自问：我们的目标消费者是谁？我们的品牌想要向消费者传递的价值和体验是什么？

创新是不同元素的重新组合。很多商业模式的创新都是从其他行业吸收创新因子，创新需要跳出本行业主导的逻辑进行思考，对于精酿这种多元的行业尤其如此。

在互联网技术影响下的今天，小到企业大到行业，企业和消费者之间、消费者和消费者之间的边界越来越模糊，沟通的范围得到很大的扩展。市场交易成本的降低，使得企业更多地用外部协作的方式解决资源配置问题。未来判断一个行业或企业的价值，主要不再考虑规模和人数，而是考量企业、消费者、供应商、合作者等利益相关者甚至竞争对手所组成的价值链。价值链上的利益相关者如供应商、消费者、合作者共享利益，开放式的融合是未来行业成长的必经之路。

目前精酿行业从业者对精酿有相当专业的认知，有习惯的做法及惯性思维，但也是这种专业，往往会让自身陷入固定思维而难以跨出创新的一步。了解不同行业及行业内相关人士对精酿的认知，有助于客观中立地了解社会对精酿行业的认识，判断精酿的发展方向。

6 业外、业内看精酿

YEWAI YENEI KAN JINGNIANG

第一节 业外看精酿

多元是精酿的特质，这不仅体现在精酿产品上，也体现在精酿文化和品牌营销的各个方面。

从精酿的发展历史看，精酿的多元特性在很多情况下是由不同国度、区域文化和不同行业的吸收挖掘创新融合而成的。对与自己相关的行业洞察了解越深，其自身行业发展的多样性和可能性就越多，行业发展的生命力就越强，精酿行业的跨界融合是精酿发展必不可少的路径之一。

一、业外深度访谈

我们设定了一些问题，以期了解精酿行业的跨界性和合作性的前景：

精酿行业自身的价值定位是否清晰？

精酿行业的现有目标客户和潜在目标客户是否挖掘到位？

精酿行业进一步发展的合作伙伴有谁？他们对精酿有哪些希冀与要求？

精酿行业现有营销推广的手段是否合适到位？

精酿产品开发是否引导或切合了现有或未来消费者的心智？

就此，我们对精酿相关行业的人士进行了深度访谈。他们分别是来自于时尚行业、旅游行业、艺术设计行业、媒体行业、体育行业的独立摄影师李、旅游从业者柴、独立设计师美少女（化名）、媒体策划施和体育运动员董。

精酿概念模糊、品质和品牌欠缺是中国精酿行业的短板，阻碍精酿良性发展。

问题一：什么是精酿啤酒？

独立摄影师李：听说过，但是定义不是很清晰，说法太多了，家酿、自酿、精酿的，个人理解，那种度数比较高，口味比较重的就是精酿啤酒吧。

媒体策划施：这个我说不上来，精酿只是听说过，但是了解不深，我们做过几期关于精酿的选题，包括一些国内的精酿品牌以及自酿餐厅，主要是人物采访为主，比如说南京的高大师，还有其他地方，比如说青岛、上海的精酿酒厂或者酒馆的主人。

旅游从业者柴：就是高端一点的啤酒吧，那些进口超市里经常卖的那些，罗斯福、1664 等。

独立设计师美少女：我喝过很多精酿啤酒，我也知道自己喝的是不是精酿啤酒，但是具体精酿啤酒是什么这个很难说，业界似乎也没有自己的定义。

问题二：一般都喝什么品牌的精酿啤酒？是国内的还是国外的品牌？

独立设计师美少女：瓶啤吧，一般酒吧至少有三种以上品牌可以选择。国外的比较多一些，福佳白、1664 这些是很多人喝的，明星也爱喝，还有林德曼系列的果酒；国内的酒比较少。

独立摄影师李：国外的多一些，国内的只喝过一些酒吧自酿的酒，有的很好喝，有的很难喝。

问题三：为什么选择国外的精酿啤酒？

体育运动员董：一般就是比较经典的品牌，罗斯福、福佳白啊等等。这些经典的品牌经过那么多人舌头的考验，在酒的品质上相对来说比较稳定，不太会出错。而且国外的品牌看起来档次高，这是国内的品牌无法比拟的。

独立设计师美少女：品牌的话，基本是一些知名度比较高的国外精酿。毕竟是做生意，站在经营者的角度，还是会选大家都认识的牌子。还有就是国外的精酿口味还能接受，国内的精酿有些不错，有些口味怪怪的，不太习惯。即使喝国内的也只喝酒吧自酿的，卫生一些。

精酿目标客户可以更深层次地开发挖掘，与许多行业核心消费群体重合度高，跨界合作上有天然优势。

问题四：你周围的朋友、客户喝精酿吗？

媒体策划施：晚上下班聚会或谈客户或球赛期间会聚在一起喝精酿。价格还能接受。

我的观察是精酿还是蛮火的，一些短视频媒体还有美食媒体都有拍到精酿。媒体之所以会选择关注精酿这个话题，是因为精酿的目标消费群体，肯定是中产阶层，跟很多短视频媒体的受众比较符合，都是一、二线城市白领。其次，我认为精酿给人的感觉比较小资，也符合现在消费升级的浪潮，就给人感觉比较中产阶层吧（笑）。然后因为它是比较小众的东西，媒体对它的报道也能够给受众新鲜感、不一样，大家乐意看这样的故事。

旅游从业者柴：我们旅游业接触的人各式各样，什么年龄层的人都有。特定的精酿旅游线路倒没有开发出来，因为太小众化了。现在关于红酒旅游的定制线路倒是有。我觉得主要是经济实力和文化水平的关系。一般来说，以欧洲 3—4 个国家为例，10—15 人的团比普通旅游团的价格高 3 倍左右，要求越复杂的话相应费用也就越高，所以对于一般消费者来说，经济要求还是挺高的。目前针对精酿定制化的就不多了。而且现在国人的旅游状态基本停留在上车睡觉，下车拍照这种走马观花的境界，很少有这种人文旅游的意识。预计未来会出现。

独立设计师美少女：我们设计行业喝精酿的蛮多的，都喝。我老公他们设计院，每个人桌子底下都有一箱。流行啊，圈子里的人都在喝，而且装啊，精酿看起来是有门道有学问的，可以作为聊天的资本。

目前精酿行业与其他行业间的合作还比较少，未成规模，但对精酿的未来持乐观态度。

问题五：和精酿行业打过交道吗？未来有设想合作吗？用什么方式？

独立设计师美少女：目前还没有。精酿的体量还不够大，对于设计公司来说专门服务精酿也很冒险。但是我们目前做过的一些民宿设计里，会有水吧的设计，里面会卖一些精酿啤酒，也算初步有所接触。如果精酿行业发展良好，未来以设计精酿酒吧见长的公司肯定也会出现。

旅游从业者柴：刚才已经说到，专门针对精酿的旅游项目目前这块暂时没有。一般来说常规的旅游线路不会涉及这块。旅游六大因素，吃、住、行、游、娱、购。出去玩可以游览的东西太多了，去海岛看海豚鲸鱼，去北海道看花海，去非洲看野生动物迁徙，去北欧看极光……大家只恨时间不够多，看酒庄酒厂这个说实话确实太小众了。除非本身对这些特别感兴趣，不然不会有吸引力。

但是，现在定制化旅游越来越多，所以欧洲旅游中出现一些途经精酿酒吧和酒厂的高端定制小团也会有的，可能数量不会很多。加强一些宣传也许会影响一些客户做精酿的定制化线路旅游。

体育运动员董：国内精酿行业与体育较深合作的不多。最常见的是在精酿酒吧里大家一起看球及喝啤酒。北京有一家青年活动平台 someet，会举办类似精酿跑活动，去年锦江乐园搞过一次啤酒节，里面有啤酒跑的活动。国外比较多，什么啤酒跑、啤酒瑜伽啦，形式上比较丰富。据我了解，国内跟精酿结合比较多的是音乐，比如说李志 334 音乐节计划，高大师精酿就全程赞助了。

独立摄影师李：暂时没有，今年拍过一次红酒酒庄的片子，与精酿啤酒合作的目前还没有计划。可能是因为目前精酿市场还比较新，希望以后会有机会拍摄吧。

精酿很百搭，跨界空间会很大，需要在推广时找准差异，瞄准目标。

问题六：你在哪些不是精酿酒吧的场所看到过精酿啤酒？

独立设计师美少女：31 间创意市集、一些咖啡馆，还有一些日式小酒馆，比如说真 k，主要卖日本威士忌，但是也卖桂花精酿。有时候喝酒还受到啤酒氛围的影响。在上海，啤酒文化好很多，像“啤酒阿姨”那种专卖店，一到晚上就人巨多，外国人、本地人都有，买几瓶酒，门口桌子一坐，就喝一晚上；上海的精酿啤酒种类很多，购买渠道也很方便，到处都有专营店，上海本地也有一些精酿品牌，另外在上海、青岛原浆卖得也很好。在杭州，精酿相对来说小众很多，基本都是圈子里的人一起喝酒聊天、吃吃东西。杭州本地出了一个叫桂花精酿的，他们家的桂花艾尔还行，但是和国外的精酿相比还是有一些差距。杭州目前有想法的人蛮多的，很多人都在尝试做这一块。

旅游从业者柴：一些高端的酒店和民宿都有卖精酿，因为目前酒店和民宿也都希望通过特色餐饮来进行区别性的定位。像喜来登酒店里面就有不少精酿啤酒，高端饭店也有精酿啤酒，德清那边有个高端民宿叫“裸心谷”也有精酿啤酒卖，去那边的消费者都是有一定经济实力的人。

还有就是一些航空公司。在国外有不少航空公司飞机上都有供应精酿啤酒，比如说我在新加坡航空上喝到过精酿啤酒。现在国内一些航空公司也有了，如在南航，中国往返欧洲的航线的头等舱也已经开始提供精酿啤酒的服务了，以后肯定会越来越多的。

问题七：假设你来经营精酿，以你的从业背景会怎样卖精酿？

独立设计师美少女：我们会更注重品牌形象，在设计上、在故事的表达上可能会更加注重，如美奇乐的包装特别美丽，很有吉普赛的风情，莱宝的不锈钢瓶让我印象很深刻，而其他精酿不是玻璃瓶就是易拉罐。现在是看颜值的社会，我们会因为外壳美丽买一支口红，因为瓶子美丽买一瓶香水，当然也会因为包装买精酿，所以包装的设计影响力会更大。

我的精酿定位会相对高端，走的路线要么是文艺、小清新，要么是比较夸张、潮流的，因为我们接触的面不一样；在渠道上，可能会选择民宿、高端酒店还有一些小众的渠道，比如创意集市类似的。

媒体策划施：我们会更加注重媒体的传播力量。现在流行的短视频的形式就不错，就是相对来说费用比较贵。但片子拍得好，对精酿的推广效果肯定很明显的。投放的平台现在选择社交类的比较好，新闻类的没有什么意义，会选择精酿消费者与受众相符的媒体投放。拍摄 + 投放一体化的，能够保证质量和影响性。

体育运动员董：赛事冠名可以是很好的推广方式，但是要和传统工业啤酒有所区别。形式上可以多样，如扫码关注领取啤酒或者以奖品的形式发放。

但是精酿啤酒的成本太高，精酿品牌资金不足，没办法和工业化的大牌商雪花、百威一样赞助大规模的运动比赛。所以可以选择一些相对小众的、高端的体育运动，这样大家的气质相符，合作起来效果也会更好。比如说高尔夫啊蹦极啊攀岩啊或者一些极限运动。如果预算非常少，我觉得一些城市里的夜跑运动或者青年活动都是不错的合作对象。

独立摄影师李：时尚行业是个年轻人的行业。年轻人容易冲动消费，比较好攻陷。我们会拿精酿啤酒当作拍照的道具，举办时尚发布会、啤酒节这样的活动时有明星、权威出现，这样可以吸粉，带动行为模仿。

精酿产品的开发并未完全满足消费者需求，他们希望“更安静、更参与、更专业”。

问题八：下一次喝精酿希望在什么场景下喝什么样的精酿？

媒体策划施：一个很完美、体验感很好的地方，真的可以做到不同种类的酒用不同的杯子装，要是可以自己打酒而且可以看到啤酒酿造的过程，甚至体验酿造过程就好了。

独立摄影师李：我希望和朋友一起在家里喝，这样比较有气氛，而且随意。

体育运动员董：我自己对精酿这方面了解比较多，喝的也比较多，希望精酿酒吧在卖大众酒款的同时有一些特殊的酒。而且有的时候不知道喝什么的时候能有个主题化的推荐，不要男的就推荐IPA，女的就推荐小麦啤酒。

独立设计师美少女：安静一点的地方吧，可能中国人的喝酒习惯还没有改变，去很多精酿酒吧都是抽烟干杯摇色子的，跟夜店没有什么区别，还有喝大了闹事的。

二、对中国精酿行业的启示性思考

1. 精酿定义的清晰化。

对于精酿行业而言，精酿定义的清晰化，才能建立消费者对精酿的准确认知，并且保护好对“精酿啤酒”行业的整体认知。面对较为强势的国外精酿品牌，如何建立“中国精酿啤酒”这一品牌认知，是非常重要而且有价值的一件事。

2. 中国精酿品牌的产品品质。

中国精酿品牌的产品品质一直是一个被消费者诟病的问题，这是亟待解决的问题，也是一个品牌建立之本。即使是在行业洗牌的过程中，也不能让一些鱼龙混杂的劣质产品破坏了整个行业的信誉。

3. 精酿的目标客户。

对于精酿品牌，现有和潜在目标消费者挖掘还远未到位。精酿目标客户不能仅局限于对精酿啤酒较熟悉的行业阶层，对于精酿客户可以从不同维度进行更深层次的开发挖掘，包括不同职业、对精酿的熟悉度等。

4. 精酿的品牌化运作。

在品牌化运作上，目前国内已经有一些先行者将精酿当作一个品牌来运营，但是目前消费者对同一品类的品牌记忆十分有限，尤其是对国内精酿品牌的记忆几乎空白，因此，越早进行品牌化运作才能越早以较少的成本占领消费者的早期印象，越先占领消费者早期印象的品牌才越有竞争力。

5. 精酿的跨界空间。

精酿与许多行业的受众重合度很高，与其他行业的跨界空间很大。与设计界、旅游界、体育界、时尚界、音乐界、技术咨询界、IT 界等都可以有合作，目前精酿和不同行业间有少量的合作，但未成规模也非常态。随着精酿行业逐渐发展成熟，各界人士都抱乐观态度，在未来推广时可以找准差异，瞄准目标，实现跨界共享。

6. 精酿的消费体验。

目前精酿产品开发未满足消费者需求，精酿不仅要酿好酒，更要营造更好的消费体验，更场景化，给消费者更多参与感和专业感。

第二节 业内看精酿

从 2012 年开始，中国精酿进入快速发展的时期，一方面我们看到精酿越来越多地出现在大众视野中，精酿啤酒、精酿酒吧、精酿酒厂、精酿餐吧等不断出现，而且有越来越多的人关注这个行业，并且试图进入这个行业；另一方面，在精酿行业商业竞争硝烟四起，外资的大厂和国内的小厂进的出的、开的关的风浪不断。身处精酿行业或即将进入精酿行业的人，到底要如何经历这个充满希望又充满折磨的阶段？实在是有太多的迷茫和困惑，太多的不确定性。

一、业内深度访谈

我们就此深度采访了一些精酿行业中不同层面的从业者，自酿餐吧经营者李总、精酿酒吧老板程总、精酿分发设备品牌制造商邱总、自创精酿品牌商潘总、精酿外带屋老板白总。希望从他们各自的经验和角度，探究精酿行业的几个现实性问题，以此判断精酿是否是一门好生意：

精酿价值和品牌的自我定位是什么？

精酿行业发展前景如何理解？

精酿行业从业人员素质与行业发展关系？

精酿产品策略如何实现差异化？

精酿营销推广方法和侧重点应该怎样挖掘？

精酿运营核心资源如何把握？

精酿行业内对精酿定义不清晰，导致精酿行业界限和准入门槛乱象。

问题一：你认为什么是精酿啤酒？

自酿餐吧经营者李总：现在业内对精酿啤酒是没有清晰定义的，很多人都对精酿啤酒有不同的看法。有的人认为必须要有严格的标准；有的人认为是满足“精心”酿造这一点就够了。我认为主要是看消费者，消费者认为它好喝，是精酿啤酒，它就是精酿啤酒。你说鹅岛，它是精酿啤酒吗？可是消费者认可它是呀，你们自己叫嚣着它是伪精酿有什么用，最后的决定权还不是都在消费者手上。

精酿酒吧老板程总：我觉得精酿啤酒之所以被称为精酿，在于它和工业啤酒的区别，这是个相对的概念。它们的区别在于：第一也是最重要的，就是出发点不同，工业啤酒的出发点是降低成本，保证公司利润，做一种迎合所有人口味的啤酒；精酿啤酒创造不同类型的啤酒是为了保证啤酒世界的丰富多彩。第二是原料上，精酿啤酒的原料是好的，工业啤酒添加其他辅料是为了降低成本，精酿啤酒添加其他辅料是为了增加啤酒的风味。第三是酿造工艺，工业啤酒都是拉格，精酿啤酒大多是艾尔啤酒，两者酿造工艺不同。

精酿分发设备品牌制造商邱总：对我来说，手工酿造加精良设备加精心制造，三者一起酿造出来的啤酒就叫精酿啤酒。很多人认为精酿啤酒的不同之处在于它的手工艺，精酿起源于手工家酿这一点是毋庸置疑的，但是任何产品当它开始成为一个产业，都需要有高度技术含量的设备作为支撑，没有精工制造的设备是无法酿造出品质稳定、口感丰富的精酿啤酒的。所以从设备技术角度，我一直努力制造品质精良、易于使用的设备，助力中国精酿品牌。

问题二：你认为精酿啤酒必须要有标准吗？

自酿餐吧经营者李总：美国有精酿啤酒厂和精酿啤酒的标准，这是美国精酿经过多年讨论、多年磨合出来的标准，但这个标准也会有变化，如 3—4 年前规定年产 600 万桶的产能标准才是精酿酒厂。

那么中国精酿酒厂的标准是多少呢？精酿行业是否已经发展到可以衡量标准的阶段了？

有时候标准还真的难以制订。比如说，600 万桶是条标准线，那么 601 万桶就不是精酿啤酒了吗？那我今年是 599 万桶，不是精酿啤酒，明年是 601 万桶，又不是精酿啤酒了，后年又变回 599 万桶……那我到底是谁？所以我是不认同美国对精酿啤酒这种定义的方式的。

我认为精酿啤酒是一种文化概念，是无法被具体定义的。就像私房菜是一个概念，那怎么样的菜才算私房菜，多小锅的菜才算私房菜？开几家连锁店就不算私房菜了吗？不开连锁店的就是私房菜了吗？永远不可能有确定的数据上的标准，所以这个标准的建立有什么意义？

另一个层面，属不属于精酿对于消费者来说也没有意义。对于消费者来说，他不关心你是不是叫精酿啤酒，他只想喝多样化的啤酒，想喝好喝的啤酒。

所以有时间不断争议谁是精酿啤酒，不如好好关起门来研究技术，为消费者提供酒品稳定、品质不断提升的好啤酒。

精酿酒吧老板程总：标准是一定要有的。它的作用就是让工业啤酒和精酿啤酒有明确的区分，这对于精酿行业来说一定是有意义的。

如果没有精酿啤酒的明确定义，怎么和工业啤酒有所区别？怎么争取有利于精酿发展的政策？对于消费者而言，当他问你精酿啤酒是什么的时候，你怎么回答？我不知道？没有明确定义？如果没有明确的标准，谁都可以说自己是精酿啤酒，大厂出个原浆啤酒，也叫自己是精酿啤酒，它们有钱，它们对消费者说这就是精酿啤酒，消费者就觉得那是精酿啤酒了，那我们的生存空间在哪里？

标准制订的意义是既要让消费者知道什么是精酿啤酒，也要让从业者知道什么是精酿啤酒，这样行业才能健康、良性发展。

精酿行业圈内人对精酿的发展持看好态度，行业处于兴起阶段，市场机会多多。

问题三：为什么选择精酿这个行业？

自酿餐吧经营者李总：之前是做外贸的，后来接触到一些精酿啤酒，我觉得这是未来啤酒发展的趋势。

近几年来，中国啤酒行业基本被低端产品垄断，行业利润一直下滑，那下一步一定是做高端啤酒，所以就做了自酿。当时在杭州这样的餐饮我可以说是第一批，竞争对手也少，机会自然就多了。

精酿酒吧老板程总：从爱好变成职业，之前喝了很多精酿啤酒，喝了越来越多酒以后就萌生了开酒吧的想法，我觉得很多男人心里都有一个开酒吧的梦想。我和我的合伙人开了这家酒吧，他负责酿酒，我负责整体的运营。而且现在处在消费升级阶段，我认为精酿啤酒就是啤酒行业消费升级的表现。

自创精酿品牌商潘总：之前在伦敦学设计的时候接触到精酿啤酒，在英国随随便便一个小超市就能买到很多种类的啤酒，不只是水果味还可以有谷物的香味、酵母的香味等各种味道。2014 年回国之后发现一个问题——没有酒喝了，几十个牌子上百款酒都是一个味道。到 2015 年的中旬的时候，接连喝了三四顿喜酒，发现每一顿喜酒的酒都是一样的，实在受不了了。而且我还发现像我这样喜欢各种啤酒口味的人社会上还是有一大批的，这是一个市场。这时候就去找了我在英国酒量最好的一个酒友大头，跟他说，要不我们做酒吧吧。我们就开始做了。

精酿分发设备品牌制造商邱总：之前我们的设备主要做国外市场，发现在国外酒吧很多，各种各样的啤酒也很多，喝的人也很多，精酿市场已经很成熟。人对口味多样化的需求是一样的，所以我们认为精酿一定是啤酒行业未来的方向，国内的精酿市场也会起来。

现在国内精酿处于快速发展阶段了，我们也为很多国内的精酿品牌、酒吧提供我们的设备。我一直认为技术的不断研发和进步能够支撑和助力行业的发展，比如说我们独家研发的太空桶，改变了精酿行业的运输方式和使用场景，不仅降低了精酿行业的运输成本，也让消费者能在家里享用新鲜的桶装啤酒。

再比如说我们的 5 大系统应用解决方案，针对不同的消费场景提供不同的系统，现在消费者不仅可以在酒吧喝到新鲜的精酿还可以选择把精酿打包或者选择外送。

我一直坚信，设备技术的发展会带来新的消费场景、新的售卖方式和新的精酿啤酒的商业模式。

精酿从业人员的思维方式，决定精酿行业的发展高度。

问题四：未来打算如何发展？

自酿餐吧经营者李总：在保证现有产能的情况下，尽量扩大产能。暂时不考虑进入流通领域，第一是我的产能还跟不上，第二是我还没能建立一个品牌的团队，忙不过来。

精酿酒吧老板程：让我的店能够维持盈利，其他的先不考虑。其实酒吧都是一样的，啤酒不就是这几种嘛，顶多加上自己酿的那几种，风格也都差不多，工业风、复古风、美式风。能有什么区别？所以先解决生存问题再说。

精酿产品追求多元化开发，但产品开发的差异化策略不明显。

问题五：你的产品和别人的产品比有什么特点？

自酿餐吧经营者李总：我现在店里采用 N+1 的模式，几款基本的常规酒款加上 1 种实验性酒款。如果实验性酒款卖得比较好的话就进入常规酒款酒单里面。

产品名字上我选的也比较有杭州特色，用白娘子小麦啤酒、许仙 IPA 等等这些杭州人比较熟悉的名字作为酒的名字，有亲切感，有地方文化感。

精酿酒吧老板程总：目前店里主要有 10 多款生啤，自酿 3—4 款，其他引进的国外品牌都有。最有特色的应该是我自己独创的啤酒鸡尾酒，啤酒加入果汁、烈酒里面，变成好看又好喝的鸡尾酒，女士比较喜欢。我和酿酒师一起调试了几款，很快就可以在店里供应了。

自创精酿品牌商潘总：我们最有代表性的就是桂花艾尔，用杭州市花桂花，和千岛湖水酿造，可以说是地道的杭州味道了。杭州人喜欢吃桂花糖、桂花糕，我也希望他们喜欢喝桂花艾尔。

精酿外带屋老板白总：0519 系列是我们最有代表性的产品，因为我们是常州的精酿品牌，而 0519 是常州的区号。我们希望代表一种新锐的城市文化精神，用消费者熟悉的本地文化来拉近消费者和精酿之间的距离。

精酿行业针对不同业态推广的方式和重点会不同，精酿运营商业化思维和把握消费者心理是关键

问题六：你是如何向消费者推广精酿的？

自酿餐吧经营者李总：让消费者爱上精酿是不需要说服的，只要他喝下去，他的舌头就会告诉他答案，产品品质是关键。但是关键点是在于如何吸引消费者到店里来。据我研究，中国啤酒最大的消费场景就是餐饮渠道。餐饮渠道还有一个优势就是价格敏感度低，所以我的做法是以餐带酒。

平常会根据节日推出相应的促销活动，当然还会和一些公司合作办一些有趣的精酿推广活动。去年和“啤酒共和”一起举办了一次主题为“辣椒烹饪慈善大赛”的活动，现场还配上了生啤来解辣，这样消费者自然而然就接受精酿了。

普通消费者无法对酒做出专业级的评判，吸引他们的一定是酒以及酒以外的东西。是不是我们经常说精酿文化吸引到他们？是精酿文化的哪些点吸引他们了？是精酿产品的概念、外延、玩的形式、故事还是什么吸引他们？所以要研究消费者。我们推广的东西一定不能太小众，必须是他们相对来说了解的、接触过的东西，所以大众文化是很重要的切入点。

精酿酒吧老板程总：对于酒吧而言，酒吧老板就是一个酒吧的灵魂，老板的个人魅力、对精酿的了解程度、对精酿的态度会直接影响消费者对酒吧的好感度。大家都觉得老板人不错，去店里陪

你侃大山。所以我只要自己有空，一定会去陪客的。之前去一家精酿小酒馆，店的规模非常小，然后我们几个人坐下来，老板就在一边也不跟我们聊天，我们觉得很尴尬，最后实在喝不下去就走了。

自创精酿品牌商潘总：我会借助媒体的力量，在消费者可能关注的媒体上面出现。比如一些美食类和本地生活类的自媒体。我还经常接受一些青年互动平台的邀请去演讲，通过这样的方式来让消费者更多地知道精酿。

媒体传播比在酒吧或者自己的店里一对一地传播相对来说范围更广。我会去参加一些有创意的线下活动，比如说创意市集。总而言之，还是利用媒体对受众的影响开发消费者。

问题七：你们如何面对冬季的啤酒淡季？

自酿餐吧经营者李总：冬天是啤酒淡季，但是冬天的节日很多，冬至、元旦、春节、万圣节、圣诞节等等，我们会利用节日进行一些活动，大家还是很愿意在节日的时候出来喝一杯的。

精酿酒吧老板程总：冬天的酒吧里温度得足，然后配餐我就仅限于平时的小食，也会顺带卖点热乎乎的东西，关东煮等。这样的话体验感就会好很多，你想象一下外面冰天雪地的环境，钻进一家热乎乎的酒馆里喝一杯冰啤酒，也很爽的，就像很多人喜欢冬天吃冰淇淋一样。我们甚至还在酒吧里搞过火锅。

自创精酿品牌商潘总：除常规性的酒款以外，我们会酿一些季节性的精酿啤酒，冬天主推偏重口味一点的啤酒，比如世涛、波特等等，原料上也会加入一些花椒等口感上比较温热的材料。

是否清晰认识精酿行业核心资源，对行业和各个企业发展至关重要。

问题八：经营一门精酿生意，你认为最重要的是什么？

自酿餐吧经营者李总：对于一个酒厂或者自酿者来说，最重要的就是走上“良性循环”的轨道。何谓良性循环？精酿讲究的就是新鲜——酒厂酿出来的酒卖不出去——发酵了的酒就不新鲜了——不新鲜酒就更卖不出去了……所以关键是卖不卖得好，卖得好就能走上良性循环，卖得不好就只能走上恶性循环。

精酿酒吧老板程总：心态问题，不要心急，经得起等待。很多人在刚接触精酿的时候就觉得精酿有利可图，马上想着要做精酿，要开店，要开厂，要找投资，要迅速扩张，要“百城千店”，要全产业链。

我认为该慢慢来，想做精酿先好好钻研，开一家店，开一个厂，在保证这个店、这个厂能盈利的情况下，再扩张，再做其他东西。有时候没生意也不要马上就开始失望。自媒体上说精酿风口没来，没有精酿文化，消费者不成熟，大厂虎视眈眈，美国精酿市场增速放缓，精酿是个坑……中国精酿现在还处于起步阶段，给它一点时间，给自己一点时间。好东西要慢慢磨，美国不是走了50年才走到现在这个阶段吗？我们才几年，急什么。

自创精酿品牌商潘总：商业和文化的平衡是关键。现在打着“精酿啤酒”名号赚钱的越来越多，真正在生产精酿好酒的却凤毛麟角，甚至生存艰难。如果太注重商业，纯粹为了赚钱而做精酿的话，就很容易出现那种每升只卖4块钱的无成本、低品质“精酿”。这样的人一多，会让消费者困惑，会害了整个精酿行业。

经营一门精酿生意，它得是个生意。不是艺术也不是个人喜好，你不能只顾埋头酿酒，需要商业思维。运营一个品牌，需要考虑的东西有很多。美国很多从事精酿的人都是有很强的商业思维的，所以他们才能做到不仅酿出好酒，还把酒卖出去。比如说山姆亚当斯的吉姆·库克，以前是波士顿咨询公司的，还有一些是从百威公司里出来的。所以精酿这门生意。光靠情怀不行，光想着赚钱也不行，需要两者之间的平衡。

二、对中国精酿行业的启示性思考

1. 精酿需要有统一的概念和标准。

在目前消费者对精酿没有认知的现状下，统一的精酿概念和标准不会混淆消费者的视听，也可以有效区分工业啤酒和精酿啤酒、精酿和一些低品质的自酿的区别，同时精酿概念的标准化有利于精酿协会在政策上为精酿品牌争取利益。

2. 精酿的发展需要有信心。

美国精酿发展的历程给予精酿从业者信心，不管是行内还是行外都对精酿行业的未来持乐观态度。

3. 精酿首先得是一门生意，然后才能成为文化。

从商业角度对整个行业的深入思考，明确清晰的经营方向，对价值链的每一步进行规划才能让你在这个江湖上越走越远。作为经营者，首先需要考虑的东西是如何生存。

4. 精酿要利用地域文化。

在产品上，利用地域文化是一个不错的方向，但是目前对地域文化的利用停留在比较表层的部分。如果能够以地域文化为切入点，在理念、产品、渠道、营销上围绕同一个点，将地域文化做深做透，才能成为真正的“地头蛇”。

5. 在精酿推广上，不同业态、不同的推广目的，侧重的营销方式也不同。

要清晰自己的推广目标，以销量为目的的推广方式和以树立品牌形象为目的的推广方式是截然不同的。根据推广目标以及受众的消费心理和习惯，选择相应的推广内容和形式。

6. 企业的核心资源是建立企业竞争壁垒的最重要的武器。

精酿企业核心资源取决于精酿的商业模式，清晰的商业模式可以为精酿企业确定战略方向，让企业“力往一处使”。

7. 设备技术进步会改变行业的发展趋势，会影响精酿啤酒行业的商业模式。

工欲善其事必先利其器。当前国内啤酒装备行业正处于快速发展期，不断推动精酿行业从刚开始的“学步”，到与国际较量的“同步”，甚至走向“领步”。

中国精酿品牌在关注产品、关注消费者的同时也应该更多地关注技术的发展对精酿行业的影响。

中国精酿行业虽然起步时间不长，但从前面的分析，我们可以明确以下几点：

第一，精酿行业是符合未来社会文化大势发展的。从长远来看，啤酒行业必然会走向工业啤酒和精酿啤酒共存的行业发展态势。这是精酿行业发展的一次大机会。而消费意义和价值、多元文化体验及消费升级这三者，构成了精酿行业发展的关键驱动力。

第二，中国精酿行业的未来发展道路和未来格局，是会走向日本式的，还是美国式的，抑或是德国式的？传统啤酒行业的运营规则和中国文化下的运作路径会如何影响中国精酿行业的发展？这恐怕是一个身处行业内的人都要去思考的问题。

第三，在资本和信息的影响下，任何行业的发展速度都越来越快。精酿行业在短短几年里开始崛起，竞争对手众多，每个人都在担心被时代抛弃。在这种状态下，业内的每一个参与者都处在浮躁 / 茫然期，从而导致行业在产品源头就出现概念乱飞、品质不过关、营销过度、以假充真、恶意竞争等各种现象。其实最后损害的是整个行业的发展，而行业发展受挫也必然给行业内的从业者带来灾难。

所以，对于精酿行业从业人员，特别是那些想在行业里保持长期可持续经营能力的从业者来说，都必须自问一些问题：我的商业模式是什么？我能够在这个行业内给客户提供什么样的差异化价值？围绕着这个差异化价值我如何去构建自己的核心竞争力。这便是我们这一章想要探讨的关于精酿啤酒的商业模式及创新问题。

7 精酿啤酒的商业模式及创新

JINGNIANG PIJIU DE SHANGYE MOSHI JI CHUANGXIN

第一节

商业模式的重要性

对于很多精酿从业者来说，做精酿的生意第一反应就是开酒吧、餐吧、酒厂，就是卖酒或卖餐赚钱。而大多数精酿从业者进入这个行业的引路者是一杯好酒，于是做出一款好酒也成为大多数精酿从业者的最早初心。这个初心，是精酿行业最宝贵的财富，但仅凭这个初心，已经很难获得长期可持续的成功。因为当前企业间的竞争，早已不是产品之间的竞争，而是商业模式之间的竞争。

那什么是商业模式，是赚钱的方法吗？还是竞争优势？商业模式其实就是你的盈利模式，并且是相对而言较长一段时间的盈利模式，也就是说要有一定的可持续性。

今天，商业模式成为一个很重要并且很流行的词汇。之所以重要，有以下几个原因：

第一，商业层上的竞争创新。商业层上的竞争创新可以分为三个层次：第一层做一个好产品。第二层做一个好的商业模式。第三层打造一个生态系统。在今天，仅仅做好一个产品，已经无法长期可持续生存。而打造一个生态系统，只有少数的几家公司如阿里巴巴才能完成这样的使命。对于大部分企业来说，思考如何打造自己的商业模式成为一种必需。

第二，企业也许可以凭借资源、关系，或者是勤奋、努力，再或者是智慧、经验获取一些利润，但最大的利润一定是商业模式创造出来的，企业需要一个和自己能力相匹配的商业模式。

第三，企业的商业模式一旦形成，作为一个系统，能形成一定的有效势能，从而强化企业的竞争优势。

目前对商业模式最简单、有效的模式框架有两个：

一个是在《商业模式时代》这本书中，亚历山大·奥斯特瓦尔德和伊夫·皮尼厄提出的“商业模式画布”（图 7-1）。商业模式画布将企业的商业模式分为九个维度：客户细分、价值主张、客户关系、渠道通路、关键业务、核心资源、成本结构、收入来源及重要伙伴。这九要素之间是相互支撑的关系，各个要素之间也存在互动，选择不同的细分市场，也意味着其后的八大要素都要做出相应的调整。最终这九要素共同构成一个带有自身逻辑性的建立在企业各自资源和能力上的完整系统。竞争对手要模仿一瓶酒、复制一个战术是容易的，但是要模仿整个系统则很难。

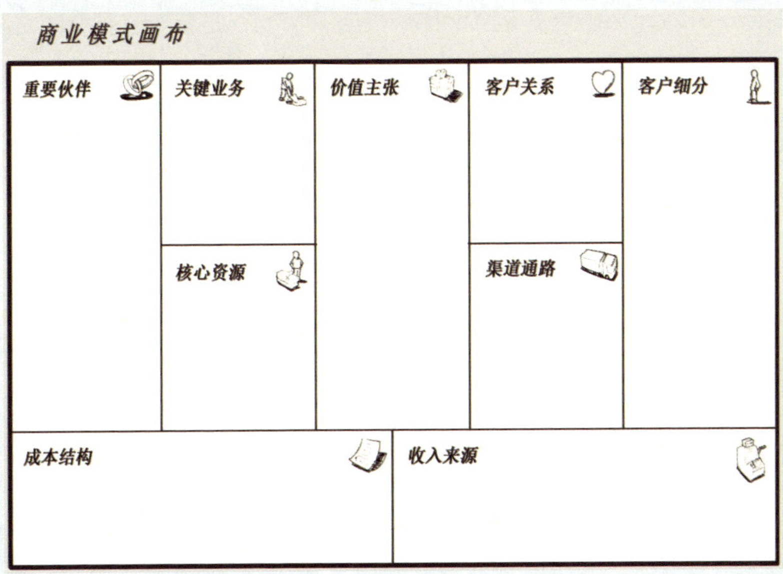

图 7-1　商业模式画布

图片来源：http：//media.people.com.cn/BIG5/n1/2016/0830/c406899-28676368-2.html

另一个是商业模式创新的“神奇三角”。如图 7-2 所示。

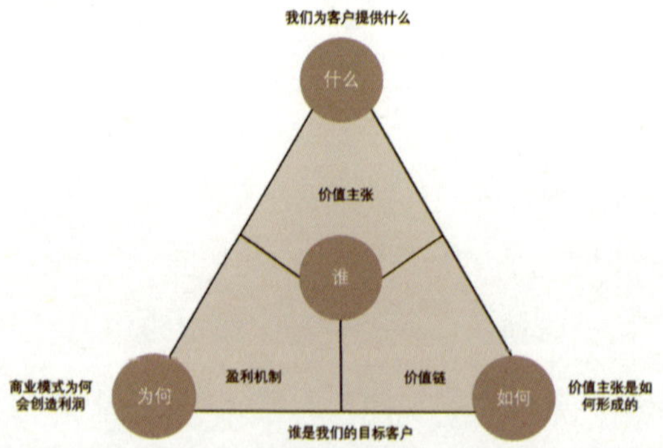

图 7-2　商业模式创新“神奇三角”

和商业模式画布相比，“神奇三角”的要素更加简单。“神奇三角”定义了谁是你的客户、你卖什么产品、你如何生产产品，以及你的公司为什么能够盈利等问题。它的神奇之处就在于无论调整其中的任何一个角（例如优化左下角的盈利生成机制），其余两个角会自动做出相应调整。

· 客户：谁是我们的目标客户？
· 价值主张：我们为客户提供什么？
· 价值链：我们如何生产产品？
· 盈利机制：为什么某种商业模式能够创造利润？

无论哪个模型，都有一点核心，那就是“我们为谁创造了什么样的价值？”我们认为，精酿行业立身之本应该是立足于消费意义和价值、多元文化体验及消费升级之上。因此，基于三者的创新将带来精酿行业众多的商业模式创新。

第二节

精酿行业商业模式的要素及创新

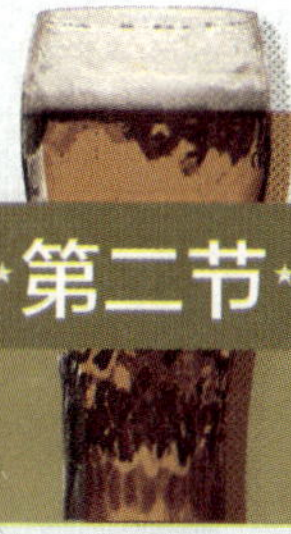

要明白精酿行业的商业模式创新价值在哪，就必须分析目前的消费意义和价值、多元文化体验以及消费升级之上的多元需求有哪些，而这些多元需求最后仍将在企业经营要素的多元化当中体现出来。

精酿啤酒商业模式要素由产品、包装、渠道、消费者人群、消费场景和价值主张构成。如表 7-1 所示。

表 7-1　精酿啤酒商业模式要素

产品	包装	渠道	消费者人群	消费场景	价值主张
·产品生产 ·产品品质 ·产品原料创新 ·产品配料创新	·瓶装 ·易拉罐 ·扎啤 ·外带 ·啤酒自助 ……	·超市 ·传统餐饮 ·酒吧 ·KTV ……	·精酿爱好者 ·不同年龄层的啤酒消费者 ·女性消费者	·精酿酒吧 ·酒吧 ·KTV ·餐厅 ·旅游景点 ……	·新奇 ·口感 ·各种亚文化 ·环境 ·社交 ·时尚（潮流） ……

要素之间的差异性造成了精酿企业不同的创新点和商业价值。我们的研究发现精酿行业目前的差异点或创新点集中体现在以下几方面。

一、精酿生产造成的产品差异

众所周知，啤酒是由四种原料组成的：水、啤酒花、酵母和麦芽。但这四种原料本身却是千变万化。正是这样的丰富性组合构成了精酿啤酒多样、丰富而又富含创造力的有趣世界。

啤酒花决定了啤酒的口感，包括收尾干净，口感清冽，还有黏稠和厚实的质感，回味浓郁。而麦芽烘焙程度决定了啤酒的色泽，浅度烘焙的麦芽酿造出的啤酒，色泽明亮，而深度烘焙的麦芽呈现出更浑厚的口感，口感微苦，和厚重的风味相得益彰。如图 7-3 所示。

图 7-3 不同烘焙程度的麦芽酿造出的啤酒色泽

图片来源：http：//news.hexun.com/2011-06-14/130520529.html

再加上产品生产方式的不同，至少从产品层面，精酿有着非常多样化的差异。而每一个差异点，都值得精酿从业人员深入研究，精心研磨。

精酿产品的差异化表现在产品生产模式、原料创新及配料创新三个方面。

一是产品生产模式上的差异。

在信息透明的时代，很多行业的生产模式已经不再是秘密。像啤酒、奶茶、薯片这样非常成熟的快销品，可以说没有一个品牌的生产流程和工艺是其他品牌做不到的。我们可以在网上很容易地找到精酿啤酒的标准生产流程图。如图 7-4 所示。

但不同的商业模式对企业的生产模式提出了不同的要求。企业一般通用的生产模式有以下几种：

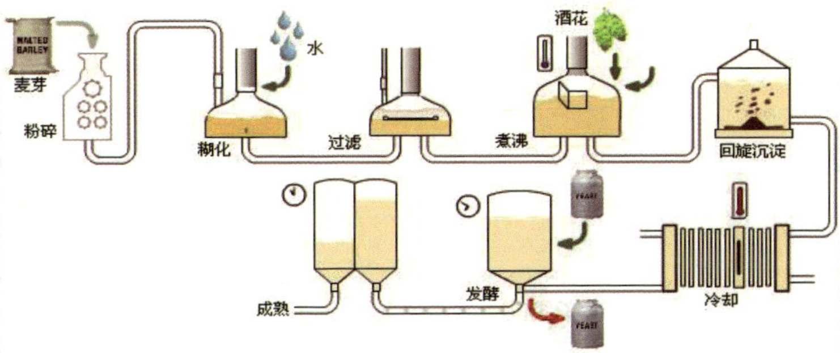

图 7-4 精酿啤酒生产流程图

图片来源：http：//www.sohu.com/a/141546327_694216

表 7-2 所列的企业常用生产模式、生产方式在各行各业都很常见，并无对错之分。但是每个企业要制定适合自己企业发展的品牌战略，必然从生产开始就要有自己的立场和坚持；根据企业资源和能力的匹配，选择最适合的商业操作手段，认清自己是该创新还是该坚持，并且如何在个性化生产与成本之间达成一种平衡。

表 7-2 企业常用生产模式

生产模式	具体做法
标准化生产	按照行业标准生产，把生产成本控制在和其他品牌差不多的水平，选择和竞争对手类似的产品线设计，生产行业内常见的产品，满足市场上最基础的需求
精益化生产	对生产流水线实现精益化管理，把生产成本压缩到最低，在总成本不变的情况下，企业在包装、渠道、营销上花费的资金就能增多，销量和利润提升，再优化生产，从而形成良性循环
快时尚式生产	在资金允许的范围内，把总成本中的大部分用在生产创新、产品线研发创新上，大胆尝试不同的技术、原料、配料，用快速迭代的生产方式，像 H&M 和 ZARA
定制化生产	根据客户需求进行生产，小批量、多样式、多规格和多品种，企业在管理、供应、生产和配送上都需要做到精细管理和快速响应

二是原料创新上的差异。

对精酿行业而言，和传统啤酒相比，最大的差异就在于产品的创新和口味的多样化，所以产品上的创新，包括原料创新和配方创新，已成为精酿产品创新上的主要内容。而原料创新玩法主要集中在酒花上。如表 7-3 所示。

表 7-3 啤酒花的玩法

啤酒花创新	具体玩法	启示
教科书玩法	在 60 分钟后请加入 *** 量的酒花，以增加苦味	入门酿酒师几乎都这么干，你也可以试试
时间奇妙法	在煮沸后，比平常更晚的时间投入酒花，以便让酒花的风味和香气更为明显	时间不同，酒花的作用力也不同
加重苦味法	为增加苦度，除了大量投放酒花，还可以采取多阶段酒花干投的方式	深受精酿爱好者喜爱，大家都喜欢“吃苦”
新鲜啤酒花法	在酒花摘下来的几小时甚至几分钟之内，把未经烘干处理的啤酒花直接用在啤酒酿造中，用新鲜的酒花香气增加啤酒的香气	有啤酒花优势的品牌和企业可以大胆尝试
野生啤酒花玩法	使用野生啤酒花进行酿造，这是中型以上酒厂不敢尝试的一种原料挑战，因为野生啤酒花量少	尝试需谨慎，野生啤酒花量少且不稳定
不用酒花法	Toast——用过期面包做原料，将面包捣碎后混合大麦芽和酵母共同放入水中，再加入适量焦糖调味	不走寻常路的原料开发可以为品牌博得更多关注和名气

三是配料创新的差异。

内蒙古人的奶茶还是最初的配方——奶 + 茶，但连锁奶茶店的配料已经经历了一波又一波的创新了。从最开始的奶 + 茶，到红茶、绿茶、茉莉绿茶、乌龙茶配鲜奶、奶粉、奶精；从甜到发腻，到7分甜、5分甜、3分甜、无糖；从嚼不动的大珍珠配料，到大中小珍珠、红豆、仙草冻、布丁、爆蛋；从一杯纯纯的奶茶，到加奶油奶盖，加低脂奶盖，再到加零脂奶盖……80后、90后完全经历了我国奶茶配料创新的全过程，不知道是随着配料的升级，用户对奶茶的口感要求越来越苛刻，还是因为用户的味蕾进化得越来越细致，奶茶配料也必定要升级和创新。他们之间的因果关系也许并没有那么重要，生产者对产品品质的坚持和创新的态度与精神才使奶茶产品越来越丰富多样。

价值体现在配方搭配上。千千万万酿酒师在酒花上下足了功夫，也有更多品牌在配方上进行了大胆的创新。如表7-4所示。

表7-4 精酿啤酒配料创新

<table>
<tr><th>品牌</th><th>配料创新尝试</th><th>启发</th></tr>
<tr><td>Open Gate Brewery（一家位于都柏林的小酒厂）</td><td>在酿酒配方中加入杜松子、鼠尾草、蒲公英、草莓、罗勒波特酒、乳糖、李子等；几乎每天都会推出试验口味，每隔一周左右就为顾客提供一款新啤酒</td><td rowspan="3">人类味蕾的成熟和酿酒师们的原料创新、配料创新并不冲突；
也许是酿酒师们的执念，也许是品牌的营销手法，使消费者体验到日常生活和商业环境中更多无法理解但确是创新的产品和体验；
精酿的创新能让我们尝到更多更好喝的酒，拓展了消费生活的意义和价值</td></tr>
<tr><td>喜力</td><td>用产自南美洲巴塔哥尼亚地区的酵母酿造，推出“探索”（Lager Explorations）系列的第一款新口味产品</td></tr>
<tr><td>嘉士伯</td><td>从19世纪的古酒中提取的酵母为基础酿造新口味，推出Rebrew</td></tr>
</table>

当然，商业并不只是玩耍，所以，对于每一家精酿品牌而言，需要去思考各自的产品线，逐步地深入思考产品创新上的问题：

★能否在某一个产品类别上成为 NO.1？

未来的商业竞争只有第一，没有第二。只有唯一性才能构成企业的核心竞争力，如果想让产品成为自己的核心竞争力，那么必须在某一个细分的产品领域成为行业公认的第一。

★能否利用产品创新概念，提升自己的品牌知名度或传播力？

比如，杭州的“桂”精酿，利用杭州的本土物产桂花，在产品创新上就获取了一定的认知，有助于品牌认知度提升和差异化的建立。

★能否构建起一个丰富的产品体系？品牌可以更好地去规划自身的产品体系。

是更从品类的完整性上来看，还是分清哪些是概念性产品，哪些是试验性产品，哪些是流量型产品，哪些是利润型产品，创新型产品的比例占到多少？

★如何去创建一个产品创新体系和文化？

从更长远的角度来看，企业还可以去思考如何构建起真正的创新文化和创新团队，从而能够保证企业拥有源源不断的产品创新力。

二、精酿包装造成的差异

传统啤酒的包装主要有瓶装和易拉罐。这两种包装形式的优点显而易见，便于运输和搬动。其中瓶装啤酒占比更多，以至在传统的啤酒行业当中，大家戏称经销商就是“瓶子的搬运工”，但玻璃的污染带来一个环保大问题。近年来，啤酒包装的罐化率提升明显，世界其他国家如美国、英国、巴西、韩国的啤酒罐化率分别为 52%、49%、38%、36%，国外平均罐化率已达 35%，而我国目前啤酒罐化率仅为 15%。未来啤酒包装的罐化率仍将进一步提升。但不论瓶装还是罐装，这两者都有一个缺点：影响啤酒的口感。

其实在啤酒行业当中，有另一种包装方式——鲜啤的分发设备，即我们俗称的“扎啤”。这种包装方式有很明显的优势：一是可以保证啤酒的最佳3度的饮用口感。二是减少玻璃的使用，更加环保。当然，其缺点也就是携带不方便，需要有场景消费。

“扎啤”在国外的普及率很高，但是在中国普及率不高。在我们的调研过程中发现，扎啤曾经在20世纪90年代有一段时间较为流行，但之后慢慢淡出市场。其原因主要有以下几点：第一，当时的中国消费者对啤酒的消费意识刚刚打开，扎啤的饮用方式和非扎啤相比较并没有太大区别。在中国啤酒行业实行快速扩张之后，扎啤很快被更便宜、更方便的瓶啤取代。第二，扎啤对于设备的要求高，但是在早期中国各大排档中使用的扎啤都是非常简单的桶装扎啤分发设备，很多商家在设备使用过程中不规范、不卫生，甚至有些商家将消费者喝剩的啤酒再重新倒回酒桶里，从而引发了信任危机。第三，扎啤设备在使用过程中，日常的清洗和服务非常重要，但是商家在这方面并没有太多意识，从而引发了扎啤的卫生安全问题，最终成了压垮扎啤行业的最后一根稻草。

但是，时间走到今天，我们发现，扎啤快速发展的契机已经基本具备。

第一，从扎啤的分发设备上来看。国内已经有企业开始拥有非常精良的制作生产工艺。比如，浙江的塔罗斯集团有着十几年的国外扎啤分发设备的代加工经验，是百威英博、青岛啤酒等行业巨头的战略合作伙伴，积累了44项国家发明专利、97项实用新型专利和94项外观设计专利，通过了NSF、WRAS、CE、SK等行业最高标准的权威认证，精工品质得到了业界的一致认可。

第二，从消费者的角度来看，今天的中产消费者对啤酒有了更高的要求。走出国门的消费者开始体会到扎啤和传统瓶啤的差异，他们无论是对啤酒，还是啤酒包装，抑或啤酒的饮用方式和场景都有了更高的体验要求。

第三，一些扎啤的经销商也开始意识到清洗和维护服务的重要性。他们开始组建清洗和服务团队，快速响应，确保产品品质和质量最后的“出口”保障。

第四，啤酒行业发展到精酿阶段，无论是品质还是口感都有了更大的提升，这也就要求在包装容器、饮酒杯型等方面有更精致化的匹配。

这些都为扎啤的发展打下了基础。商业进入移动互联网时代，人们对于“此时此刻”就能满足个人的需求有了更高的要求。对于精酿的包装设备，也一直在不断地思考如何创新。比如，有企业开始推出可以外带打包的精酿啤酒，也有企业开始思考是否可以做出自助的啤酒机器设备，这样便可以突破一些消费时空的限制。

三、精酿渠道造成的差异

啤酒是快消品，因此销售渠道在啤酒行业发展中起到了关键性的作用。

传统啤酒渠道更多是通过经销商，以大流通的模式下沉市场。“买店”是经销商占据渠道资源的重要方式之一。所以，在传统经销商的商业板块中，资金、人脉成为核心的竞争力之一。

但是在互联网时代，渠道在发生变化。线上渠道的加入，渠道的碎片化、消费场景的扩充、技术的创新让今天的渠道变得更为复杂和多变。

目前精酿的主要渠道如表 7-5 所示：

表 7-5　精酿啤酒主要销售渠道

渠道类型	渠道代表	优势	缺点
电商渠道	京东超市	符合 80 后、90 后消费者的线上购物喜好	消费者线上购买精酿的习惯有待养成
		成本相对较低	
		各大电商平台能同时入驻，露出率相对较高	物流成本相对较高，运送风险相对较大
		便于数据分析	
精酿集合店	“啤酒阿姨”（上海）	精酿爱好者聚集地，饮酒聊天氛围好	以堂食为主，外卖携带不便
		便利店模式，品牌种类齐全，小食丰富	瓶啤价格透明，利润空间不大
鲜酿啤酒酒吧	牛啤堂（平安里店）	以产品新鲜为卖点，消费者更易买单	设备投入和产品管控较严格，成本较高
		鲜酿价格相对封闭，消费者对价格敏感度低	主要鲜酿品牌桶价稳定，产品差异不大，竞争对手之间差异不大
		自酿出特色，能形成独特竞争力	生产证书难取得，自酿质量不稳定
瓶啤精酿酒吧	“啤酒共和”（杭州）	饮酒聊天氛围好	瓶啤价格透明，消费者对价格敏感
		品牌种类齐全，小食丰富	
西餐厅	ABV Bar & kitchen（台北）	终端网点较多，能提高市场覆盖率	用餐为主，消费者对精酿关注度低
		消费者最常饮用精酿的消费场景	铺货成本较高（人员、物流、仓储）
进口超市	上港超市	品牌种类齐全，商品信任度高	入驻成本较高
		只能进口品牌入驻	国内品牌不可进入
		符合消费者购买啤酒的习惯	消费者品牌忠诚度较低，常选购促销品牌
便利店	全家	靠近商业区或居民区，人流量大，消费频率高	消费能力不一，销量难以预估
		网点多，市场覆盖率高	物流成本、铺货成本较高
		最快引起消费者关注的渠道之一	竞争压力大，商品展示空间有限
传统啤酒渠道	经销商	市场规模大	和传统工业啤酒巨头对抗的成本太高

精酿啤酒如果想借助或进入传统的工业啤酒渠道，有一定的难度，因为传统的工业啤酒经销商的核心竞争力在于资金和人脉。

实际上今天的精酿啤酒销售中，文化、体验是很重要的能力。而对传统经销商来说，想要经销精酿需要转换经营风格，重新培养核心竞争力很困难，而且他们也没有意愿和动力。而对于一般的精酿啤酒经营者来说，没有财力、人力和物力去开拓传统的经销商体系。所以，对精酿从业者来说，渠道创新成为一种必需，而一旦能形成一种新的精酿啤酒消费渠道，其价值也是非常之大。

四、精酿消费人群及消费场景造成的差异

将消费人群及消费场景结合起来论述，是因为现有商业的出发点已经不再仅仅是基于市场细分的消费者，而是更深一步具体到消费者的消费场景。比如，同样是喝咖啡，同一个消费者，在工作场所提神喝咖啡、和朋友一起喝下午茶时喝咖啡及逛街时累了找个地方休闲喝咖啡，其诉求是完全不一样的。同样是喝啤酒，消费者和朋友聚会时喝啤酒，和客户商务聚餐时喝啤酒，和家里人过节时喝啤酒，在旅游场所看着夕阳想喝啤酒……不同的消费者在不同的场景下，对啤酒的诉求也是不相同的。

图 7-5　啤酒节喝酒大赛“狂吹”

图片来源：http：//www.sohu.coma/162278605_744184

细化到精酿啤酒行业，和传统工业啤酒相比，精酿最大的一个改变就是喝啤酒方式的改变。从以往的众人狂欢，欢快畅饮到慢嗅细品，从味觉到灵魂。正如“没喝过精酿的人不

足以谈人生”这句戏言，精酿口味的多样性、丰富性、层次感让消费者更易将其与人生相连接。

图 7-6 喝酒前的“闻香”

图片来源：http：//www.jiuq.com/article.php？id=24754

商业的演化，从来都是人的需求的变化。

国内最早开始喝精酿的人，往往是一些有国外留学背景，在国外接触过精酿的人，随后国内一些中年人开始对精酿产生了兴趣，这些人多半有一定的文化层次和社会地位，并且以中年人居多。随后，精酿开始影响外企、广告创意、时尚等圈子，这些人对国外文化接触更多，有全球视野，也更易接受精酿，但他们对精酿的接受和认可，和最早进入精酿圈的人相比，动机便没那么“纯正”，不单纯是因为精酿的口感，而更多地有受同伴的影响，将喝精酿看成是一件很流行很时尚的事情，抑或是看中精酿中的文化和故事。随着全国各个城市的精酿酒吧和餐厅的扩展，精酿的影响人群也越来越广泛。而精酿饮用方式的改变，也带来了消费场景的变化。

普通大众所认知的喝啤酒的场景，常常是这样的：大排档里，热火朝天，人声鼎沸，大家吃着龙虾，痛饮扎啤；或者是看球赛时，举瓶狂欢；还有酒桌上的吹瓶斗酒……

随着消费人群及需求的变化，精酿的场景也在变化，不妨大胆想象一下，能不能一个人在家小饮一杯，或者在旅游时，看着日落，慢饮一杯，或者像喝饮料一样，约上朋友，在店里边喝边聊……谁能率先洞察消费需求及场景的变化，谁便能率先找到创新的路径。

事实上，啤酒行业近年来在消费场景上已经有了不少创新，比如，青岛原醇小站做的“啤酒打包新模式”，千岛湖啤酒曾经尝试的“啤酒星巴克”模式，还有 The brew，在产品开发、食物选择、氛围营造、附加参观体验上让用户感觉到精酿不仅好喝还好玩，围绕着用户的情感需求、体验和互动，让用户感受到极致的啤酒体验。国外的一些场景创新也有参考价值和意义，比如日本的山崎酒厂开放工厂参观，增加门票收入的同时又带动了产品销售。

五、精酿价值主张造成的差异

去掉浮在商业上的泡沫，我们可以看到，所有的商业活动，最终都要归向“价值”。企业家创造价值，满足消费者的需求。消费者买的并不是打孔机，而是墙上的洞。所有行业都必须自问一个问题，消费者到底要的是什么？人和人之间的差异决定了面对同一个产品，大家会有不同的动机和需求。上海莱宝的价值主张是从产品到文化与情谊——“不只是让中国人喝上更有滋有味的好啤酒，更是传递一份啤酒背后的文化与情谊”；北京牛啤堂自喻“精酿啤酒的生产者、精酿酒吧的建设者、精酿文化的倡导者”，从酒吧的角度深入精酿价值观；南京高大师“酿造自由”。所以，精酿啤酒到底在卖什么，就很值得探究！在下面一节中，我们将从价值主张出发，结合精酿啤酒行业的一些案例，来看看他们的商业模式之路会是如何。

第三节

精酿行业的商业模式定位维度

商业模式的特征在于，当我们改变一个商业模式的要素时，相应地，其他要素也会发生改变，从而在外部需求和内部能力上形成一个相互支撑的有效系统。作为精酿行业的经营者，有时必须前瞻性地清晰自己的目标，抢先占位，才能更好地集聚内外部资源，实现目标。综合观察下来，我们觉得精酿行业的商业模式机会可以从以下角度思考：

一、大品牌还是小品牌？

精酿行业能不能进入大流通行业？能不能出一个“大品牌”？我们的答案是肯定的，而且是必需的。作为一个在全球手工文化兴起背景下的行业，咖啡行业和精酿行业有相似之处。我们从星巴克的成功中，便能获得一些借鉴。星巴克的灵感来源是意大利街头的咖啡店，当舒尔茨将这一业态引入美国之时，星巴克所营造的手工咖啡氛围并没有令星巴克获得商业上的成功。星巴克的成功之处在于“文化滴漏策略”：即打造一种精致的但是大众可以接近的消费体验，让手工咖啡不再曲高和寡，而是成为精致的大众消费品，既保持了品牌的调性又扩大了手工咖啡的市场，同时以标准化的连锁经营获得了商业的成功。说得直白一些，星巴克是借用了手工咖啡的文化个性，但其最后的成功，还在于标准化经营。

尽管精酿行业主张啤酒的多元化和丰富性，但是别忘了，在商业竞争的策略中，最主要的一条策略便是低成本策略。而低成本策略一定需要一定规模的产量做支撑。而高性价比，也是消费者选择产品时的一个最重要的因素。所以，精酿行业未来一定会有品牌成为一个真正进入大流通的大品牌，并且这场竞争将发生在现有的国外啤酒巨头和外资品牌之间。因为对于一般的小精酿品牌而言，几乎没有太多资本可以玩得起这个游戏，并且他们也缺乏这样的品牌优势和渠道优势。

国内的大啤酒厂商，在面对精酿发展趋势时，更多采用的是等待的方式，等着精酿氛围建立起来，等着大众对精酿概念认可，等着大市场形成，然后可以凭借原有的品牌优势和渠道优势快速地进入市场。

而国外的精酿品牌，如鹅岛，利用其品牌优势，以及百威所积累下的资本及渠道优势，已经开始在中国市场上发力。但是，未来的精酿大品牌能占到多大市场份额？中国精酿未来更多地呈现出日本模式还是美国模式？中国精酿市场上未来可能存在的竞争者会有哪些？而渠道、渠道和媒介的碎片化，也给精酿行业带来了大量的创新机会。

精酿行业最终一定会出现一定量的大流通大品牌。所谓大流通大品牌，是指精酿啤酒进入传统啤酒消费的最高发渠道。大流通大品牌，将成为啤酒行业消费升级后，传统的工业啤酒品牌最重要的竞争对手。也就是说，大流通大品牌最后的竞争对手并不是精酿品牌，而是传统的工业啤酒大品牌，这也就意味着，必须进入传统啤酒的消费领地，以传统啤酒行业竞争的关键词，比如品牌、资本、渠道掌控等来展开竞争。而其最后也势必会呈现出如星巴克一样的特征，采用文化滴漏策略，在商业上实现低成本的快速复制。

大流通大品牌的基本特征：

◆**目标客户群：**其目标客户并不是对精酿的忠诚消费者，而是一般的啤酒消费者。他们并不是特别在意精酿啤酒的文化，但从众心理、消费习惯以及品牌影响力对他们就显得很重要。

◆**价值主张：**和传统工业啤酒相比，一定的性价比、流行、时尚……将会是大品牌带给消费者的参考依据。

◆**渠道通路：**精酿将会进入目前啤酒行业消费量最大的渠道，如餐饮渠道、超市等等。

◆**需具备的核心资源和能力：**要进入大流通领域，必须得是大品牌。所以，对于这些品牌来说，品牌打造能力、资金及渠道的管控能力将成为重点需要具备的核心资源和能力。

大流通大品牌的实现路径，仍是有一些悬念的。比如，是像成为啤酒界的星巴克一样，以空间营造和啤酒体验取胜；还是进入传统的餐饮渠道，还是有一些更为创新的渠道模式？这一点仍有待观察。

除了大流通大品牌，精酿行业现在纷纷在构建自己的品牌。但能成为全国性的，能代表中国精酿品牌的，一定是屈指可数的。品牌的创建并不是一件很容易的事，资源的投入对于现有所有精酿行业品牌来说都是一大挑战。所以，真正有志于打造未来的精酿品牌，需要做好以下几点：

第一，清晰的品牌定位。在明确自身资源和能力的基础上，明晰自身的品牌目标。对于大部分精酿品牌而言，成为大流通大品牌的可能性是很小的，所以，“小而美”才是精酿品牌追求的方向。但小并不意味着弱，如何做到“小而强”，则需要每一个精酿品牌有清晰的品牌定位和价值主张，并且在价值积累上构建起自己的核心竞争力。

第二，对产品品质的控制和保证。品牌的核心在于信任度的构建，信任体系的建立需要长年累月的积累，但信任体系的崩塌，往往是在一瞬之间。特别是身处食品行业，产品品质一定是必须坚守住的底线。

第三，积极构建自己的营销体系，科学地管理自身的营销体系。大多数进入精酿行业的人，是冲着对酒的爱好起家的，但是品牌构建有自身的逻辑和常识。很多精酿品牌初始就付出了不菲的代价，比如，很多精酿产品通过大规模促销在线上销售，短期内看似获取了一定的销量，但这是杀鸡取卵的做法，既让线上的销售难以持续，同时也没法再恢复原价，甚至是影响线下渠道的开拓。

第四，做好消费者沟通和对话。“吃是肉体，喝是灵魂”，这虽然是一句戏语，但有一定道理，“喝酒”喝的从来不是“酒好不好喝”本身。如何从精神和文化层面做好和消费者的沟通、对话和互动，如何树立品牌自身的价值观，获取自己的粉丝和认同，是创建品牌过程中的重要一环。

在这四点中，最核心的在于清晰的品牌定位。而在过去的商业竞争中，啤酒企业思考的更多的是如何进入更多的渠道。但今天这个问题，已经变成了另一个“源问题”的思考：消费者为什么要喝精酿，在哪喝？这也重构了精酿行业商业模式定位创新的维度。

据我们研究，精酿行业商业模式定位创新的维度基本上有四种：基于体验的商业模式、基于文化与亚文化的商业模式、基于场景的商业模式和基于服务的商业模式。

维度一：基于体验的商业模式

消费者的体验和场景无疑是多元化的，我们可以先看三个案例

案例一：The Brew · 酿 ——极致的啤酒与食物搭配体验

The Brew · 酿是上海首个位于五星级酒店中的手工酿酒坊，

位于上海浦东嘉里大酒店一层。在 The Brew·酿你可以感受到的不仅是精心酿造的啤酒、啤酒和食物美妙组合，还可以感受和参与啤酒酿造的神奇过程。

The Brew·酿的体验感营造主要围绕三个点：一是本土化的产品，引起用户共鸣，满足用户的情感需求；二是细致的啤酒与食物的搭配讲究给用户专业感；三是透明的酿酒车间及可开放参观的业务，让用户参与到酿酒过程中来。

本土化产品——有共鸣。

The Brew·酿的酿酒师是来自精酿大国新西兰的 Leon Mickelson。在他看来，一位合格的酿酒师应该是药剂师、工程师和诗人的结合体，当然，还必须是一个美食家。酿酒师会在不同的原料和酵母之间反复尝试，像做实验一样不断调整配比，根据季节时令以及搭配的食物制作出不同的啤酒。这是一个充满变数和乐趣的过程，也是大规模生产的工业啤酒所不具备的。

The Brew·酿最大的特色是啤酒套餐——6 只啤酒杯像实验室里的量杯那样，依次摆放在一个长条的木格子中，里面盛满了颜色不同的啤酒，色泽由浅到深。Leon 建议从口味最淡的啤酒喝起，也就是招牌产品“Skinny Green”。这款低脂有机啤酒曾经在 2011 年的亚洲啤酒节大赛上斩获金奖。它的口味清淡，酒精度低，带有白葡萄酒特有的果香味，尤其适合女性饮用。Leon 推荐的另外一款啤酒是“White Ant”银蚁白啤，采用高级大麦和小麦，以及芫荽、柑橘等香料，色泽清淡但是口味浓郁，仔细品味，会有微妙的香草味和香蕉味。在这 6 款啤酒中，有 5 款是固定的酒品，另外一款则是随时令改变的“惊喜”，也被 Leon 称作“实验性饮品”。

Leon 还为万圣节推出过一款南瓜口味的啤酒，以南瓜、豆蔻和肉桂为原料。他也曾为女士专门制作过粉红色的啤酒，在啤酒中加入覆盆子和树莓进行调色。但他本人最喜欢使用的还是一些有中国地域特色的香料，其中最受欢迎的一款产品是龙井茶拉格酒。“我在酿酒过程中加入龙井茶叶，和大麦一起熬制，出来的效果特别好，有很浓郁的茶香，泡沫也很细腻。你能想象吗，那是一种在啤酒杯里喝冒泡的冰镇龙井茶的感觉！”

致力于推广自酿文化的 Leon 还酿造了一款独具中国特色的火锅啤酒。这款啤酒在酿制过程中加入了花椒、干胡椒等 5 种取自四川当地的香料（保证材料来源的正宗纯粹非常重要），喝下去的时候，不仅舌尖味蕾受到香料的刺激，而且会感觉到气泡在上颚处爆裂，如同有一把火一直烧到胸腔，但下咽之后又会唇齿留香、回味悠长。那种过瘾的感觉，就像是吃了热腾腾的麻辣火锅，十分适合冬季饮用。

啤酒与食物的搭配，营造专业感。

精酿师都有非常敏锐的味蕾，所以他们往往也是很厉害的美食家。Leon 在工作之余喜欢研究美食，他自己家的厨房堆满了各种香料和草本植物，当他发现啤酒也可以像葡萄酒一样和不同食物搭配着喝，便着手为 The Brew・酿制订啤酒专用菜肴。

在 The Brew・酿的菜单中，每种啤酒下面都标注了这款啤酒的酒精含量和完美搭配，菜肴种类涵盖了色拉、面包、比萨、海鲜、肉类和薯条等。Leon 的搭配法则就是，重口味食物搭配口味浓郁的黑啤，清淡的食物搭配口感清爽的啤酒。他会用香草口味的啤酒与牛排搭配，啤酒中淡淡的香草以及可可的味道，与牛肉的肉味相互中和，在口腔中产生出巧克力的味道；口味偏酸的啤酒（如比利时小麦啤酒）适合搭配偏辣的菜，用前者的酸去融合后者的辣，使口中的味觉层次更加丰富，味蕾的负担也不会过重。

让用户参与酿酒过程，营造参与感。

The Brew·酿有自己的专属酿酒车间，那是一个透明的玻璃屋，坐在餐厅的客人，甚至酒店外的路人都能看到酿酒师工作的景象。Leon 和他的团队每周酿一次酒，每次大约 1500 升，可以保证酒店里所有酒吧和餐厅的啤酒供应。值得一说的是，在这个上下三层的工作间里，客人只要提前预约，就可以在 Leon 的带领下参观，他甚至会亲自打开酿酒桶，让客人闻一闻麦芽香和啤酒花的味道。

案例二：啤酒阿姨——丰富多样的，来自全世界的精酿啤酒

和传统工业啤酒相比，精酿啤酒最大的特色在于其产品的多样性。而有一部分消费者对啤酒口味多样性有着天然的好奇。

在上海，有家传奇的便利店就是啤酒阿姨，这家从普通的销售烟酒副食、日用杂货的海富便利店转变而来的精酿啤酒专门店，是很多精酿圈人的游览胜地。

2011 年底，“啤酒阿姨”张银娣在进口啤酒生意还是一片空白的时候就在自己便利店的货架上腾出一部分空间，摆上了 200 多种进口精酿啤酒，成了周围很多留学生和外国人心中的喝酒必去之地，只会说“hello”的张银娣也顺理成章地得到了“啤酒阿姨”的称号。

2016 年，张阿姨把海富便利店搬到了隔壁较大的店面，销售的进口啤酒种类从 200 多种一下变成了 1700 多种，也在店头增加了 Beer Lady 的招牌。2017 年“啤酒阿姨”又迈出了一大步，她在延安西路上开出了拥有 400 平方米超大空间、24 小时营业的啤酒专门店。如图 7–7 所示。

像“啤酒阿姨”这样的门店，其价值主张的核心在于精酿的多样性。在这里，可以喝到各种各样，来自全世界的精酿啤酒。但其

图 7-7 “啤酒阿姨”延安西路新店

图片来源：http://www.sohu.com/a/135556525_409256

实对于大部分消费者来说，选择多有时并不是一件好事。在国外关于行为经济学的研究当中，有一个经典的果酱研究：两个不同的摊位，一个摆放着 6 种果酱，一个摆放了 24 种果酱。研究人员观察了消费者在不同摆位前的消费特征。他们发现在 24 种口味品尝摊前品尝过的顾客会感过很困惑，他们会比较不同的果酱，如果他们旁边还有其他人的话，他们还会讨论各种口味的优点，然后他们什么都不买就走了。研究人员还发现，在品尝过 6 种口味的顾客当中，有 30% 购买了果酱，但是在品尝过 24 种口味的顾客中只有 3% 购买了果酱，顾客对 24 种口味更感兴趣，但是在品尝过 6 种口味后的购买率是品尝过 24 种口味后的 6 倍多。[1]

多样化的选择是不是一种价值？答案是肯定的。但对于这样的商业模式，还有一些问题需要精酿品牌去思考：如何引导消费者对啤酒多样化的兴趣？如何做好分类，以更好地引导消费者购买？如何让他们不断地消费？如何让他们有兴趣不断地去尝试从未喝过的新精酿品牌？如何更好地讲述精酿的故事和介绍精酿品牌？毕竟，对这么多种精酿啤酒都感兴趣，立志将它们都喝一遍的消费者还是太少。

[1]【美】席娜·艾扬格著，林雅婷译《选择的艺术》：中信出版社 2011 年 5 月版，第 166 页。

案例三：创啤社——手工酿酒体验地

在手工艺受到极大推崇的今天，人们爱好周末去陶艺店做一个属于自己的花瓶，去扎染坊染一块独一无二的方巾，去皮具店缝一只自己设计的钱包。那么去精酿店酿一款属于自己的酒算不算一门好生意呢？创啤社便做了这样的尝试。

创啤社（图 7-8）在坊间号称是地方最难找和景色最美的酒吧之一（图 7-10）。创啤社其实不仅仅是酒吧，更是一个专业的家酿工作室——三套专为家酿爱好者们准备的自酿设备，一套 50 升的美式三桶，一套 20 升的 BR，一套 35 升的 GF。另外，除了一个长期保持在 18 度左右的发酵冰柜（能放 8 个美式锥底塑料发酵桶），还有 3 个小型不锈钢锥型保压控温发酵罐。

所以，创啤社要做的事情就是“让更多刚入门的自酿爱好者在采购设备之前能有更直观的酿造体验！”他们卖的不仅是酿酒设备和原料，更是在卖啤酒，卖酿造体验。消费者想自酿啤酒但又不想买设备，或者没时间照顾发酵时，或者想买家酿设备但又不知道哪种设备适合自己时，可以来创啤社，自由设计一款属于自己的啤酒。

图 7-8　创啤社

图 7-9　创啤社内精酿设备

图 7-10　创啤社环境图

图片来源：公众号“酒花儿公社”

从表 7-6 来看创啤社的商业模式创新。

表 7-6　创啤社的商业模式创新

消费需求洞察	定位	目标客户	价值主张	价值链
·酿酒设备的购置是一门技术活，不但投入大，而且专业门槛高，对酒的品质的影响也非常大； ·新入门的家酿爱好者如果想体验一下酿酒，为此买一套专业的设备则成本太高； ·如果自己用一些简单的设备又影响酿酒的体验感； ·有些人对酿酒只是稍感兴趣，只想自己体验一次两次的酿酒经历	·自酿啤酒工作室 ·自酿啤酒体验店	刚入门的家酿爱好者	更直观的酿造体验	·售卖酿造设备和原料； ·啤酒酿造体验服务：三套酿造设备、20—30 种进口麦芽、30 多种新鲜酒花供体验者使用

我们可以发现其服务的目标对象更多是那些爱好家酿但又没有时间和设备的人。如何更好地为他们服务，是创啤社需要考虑的运营内容。但从商业模式的角度来看，这并不是一个特别好的商业模式，因为目标客户群太小，可复制性较差。

从以上三个案例可以看出，这三者虽然都是卖酒，但其体验定位截然不同，并且在运营过程中，对其的组织能力要求也各不相同：The Brew·酿更多地要求如何提升酒和食的搭配，而啤酒阿姨则在于如何更好地收集和介绍全世界的精酿啤酒，创啤社要不断地优化自酿体验感，让客户更有满足感。这三者的客户群也许会有类似，但是满足的是同一个客户的不同需求。可以说，基于新体验的定位将成为精酿啤酒品牌定位的重要维度。

那么，如何做好体验？

当我们将场景的体验感作为商业模式的核心时，很重要的一点便是按照体验的构建方式来思考如何打造自己的核心竞争力，具体来说，可以分为五步：

第一步，先想好，让谁来体验。

在体验创建的过程中，“人”成为起点。人和人之间的差异很大，需求不同，面对同一个场景和物品，人们的体验感会完全不同。对于同一个酒店，有人会说贵，有人会说便宜；有人会觉得设计很棒，有人会觉得一般。那么精酿啤酒呢？

第二步，思考消费者的体验触点。

分析体验，一定要有体验触点。想象自己是用户，按时间顺序分析用户在整个体验流程中会接触到的触点。

如图 7-11 所示，我们绘制了青岛原醇小站的触点，并绘制了体验曲线图。

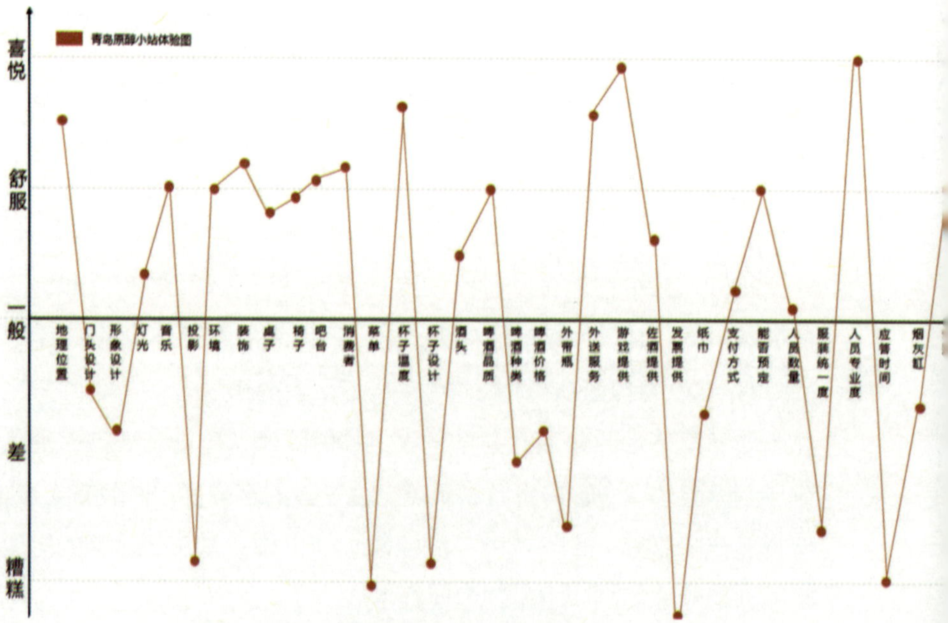

图 7-11 青岛原醇小站体验曲线图

第三步，分析体验曲线图。

当我们看到这条体验曲线图时，我们需要对人性有更深入的洞察和研究，才能更加清楚地知道需要去改进哪些触点，以及如何去改进这些触点。

当看到这条高高低低的起伏曲线时，你会怎么办？大部分人回答说：改善低的体验值。但其实这样的做法是有问题的。原因有二：一是任何一个触点的改善都意味着资源的投入，如果全部都改善，那么也就意味着企业投入的资源很多，成本会很高；二是即便企业真的能够全部改善，我们还得懂人性，人们从来不喜欢“平淡”，而是喜欢“起伏”。所以，一条居高位但没有起伏的体验曲线一定不如一条高低峰差大的体验曲线来得让人“记忆深刻”。

另外，人性中还有一些规律，我们需要了解。比如“峰终体验”。所谓“峰终体验”，是指在这条曲线图上，有两个触点特别重要，一是体验的“峰点”，一是体验的“终点”。所谓峰点便是一个品牌一定要有一个体验点能够带给消费者从未有过的感受。在这一点上，他要比所有的竞争对手做的都好，并且要能超出消费者的体验阈限。“终点”就相对好理解了，指的便是体验的最后一个点。心理学上有个词，叫“近因效应”，指的是当人们识记一系列事物时，对末尾部分项目的记忆效果优于中间部分项目的现象。当终点的体验良好时，容易让消费者对整个体验过程产生好的印象。

第四步，体验的差异化。

那接下来的问题就是，我怎么知道我要打造的最高体验点是哪个触点？哪些点我要获得比较好的满意度，哪些点可以暂时不管？在“终点”我如何来创新？……

所有这些，都涉及一个核心问题，即体验的差异化问题：如何让消费者在这里获得独一无二的体验感？

如果你的品牌已经有了一个很清晰的理念及价值导向，那么，你需要做的，就是如何将品牌的理念和价值呈现在不同的点上。

但，如果你并没有一个很清晰的品牌理念和定位，那么，你的重点将是如何在对消费者和竞争对手的分析中找到新的机会点。此时，你需要思考的问题是：

我希望消费者在品牌中体验到什么？

消费者在体验后，会怎么样去向别人介绍你的品牌？

消费者印象最深的会是什么？

消费者会吐槽的是什么？

我们和竞争对手在哪些触点上的关注度不一样？

根据品牌定位和竞争需要，哪些触点对我们比较重要？

在这些重要的触点上，我们如何做出创新？

第五步，管理体验和预期。

体验是可以管理的，其最终是一种消费者满意度管理。而品牌满意度有一个公式：品牌满意度 =S（品牌体验 – 品牌期望）

所以，要做好品牌体验的管理，就必须做好以下几点：

第一，做好品牌期望值的管理。

要提高品牌满意度，除了做好体验之外，很重要的一点在于管理好品牌期望。把品牌期望值抬得太高，消费者体验后，满意度并不高；而如果没有品牌期望值，那么消费者又不买账。所以，管理好消费者的期望值就显得非常重要。

第二，体验是会随时间而变化的。

品牌为什么会老化？很重要的一点就在于消费者的品牌满意度会随着时间的流逝而下降。对用户而言，每一次品牌体验都会改变品牌认知，同时会影响未来体验的期望——或者更好，或者更坏。

所以，品牌一方面要做好消费者体验监测，及时发现变化；另一方面要做好创新，求变，不断保持一定的新鲜感，才能让消费者常见常新。

维度二：基于文化与亚文化的商业模式

说起精酿，似乎和“文化”这两个字脱不开关系。高岩认为“精酿啤酒其实是一种流行文化，圈子里的人也不是啤酒行家，我们更想满足的是新一代人的啤酒需求。”上海莱宝啤酒酿酒师林林也认为：“精酿其实是一种文化的复兴。”

诚然精酿的发展与政策、法规、行业等有脱不开的关系，但是从另一个方面来讲，精酿是社会文化浪潮的大势所趋。如表 7–7 所示。

表 7-7　各国精酿文化特点

	美国	日本	中国
特点	在与工业文化绝对对立的手工化理念上 提倡小众文化和价值观 强调本地化和社区化	深挖当地旅游文化	中国传统文化元素的运用与小众亚文化的结合

美国精酿啤酒运动发生发展的背后有庞大的文化运动作为支撑。1965 年，当时美国最大家电企业美泰格集团（Maytag）的继承人，Frederick L. Maytag III（费里德里希美泰格三世）以几千美元的价格，收购了濒临倒闭的铁锚（Anchor）啤酒厂 51% 的股份。随后，他又投入了大量资金用于改良设备和工艺，勇敢地恢复了铁锚啤酒厂传统的蒸汽酿造法，被认为是美国精酿革命的开端。

当时的社会文化是什么样的呢?

20 世纪 60 年代正是美国嬉皮士“回归自然”运动发起的时候。嬉皮士被称为“对立文化群体”，与他们对立的是一切主流的文化——高度军备、全球冷战、种族隔离、高度工业化等等。其中他们抨击最多的是工业化，他们认为工业化带来没有计划的生产、对人性的扼杀和对环境无底线的破坏。60 年代末，全美发动的各种集会抗议几乎都代表着这种“对立文化”的思想。

进入 20 世纪 70 年代，一些嬉皮士开始逃离主流社会，成群结队走向农村，最终开始了回归自然的乌托邦行动。回归自然运动倡导更小型的社会群体，抛弃现代化的设备，所有东西都要自己动手重新组建。在这个时期，人们开始动手自己制作陶器、编织、狩猎。他们学会了怎么使用沼气、太阳能，怎么养蜂、养殖奶牛和烹饪……最后他们想到了自己动手酿酒。总之，他们希望能抛弃现代工业给他们带来的一切便利，自己创造，或者从他们的同类手中获取属于他们自己生活方式的东西。虽然“回归自然”运动没有坚持多久，就由于经济衰退走向了终结，但是这场文化运动遗留下来的对工业化的反对，对手工艺的提倡和对小型社会群体的提倡至今还在影响美国人的生活方式和商业。当时的铁锚酒厂恢复传统的蒸汽酿造法正是顺应当时的文化趋势。

在这个大背景下，我们发现美国精酿文化的三个特点：与工业文化的绝对对立，在理念上提倡小众的文化和价值观，强调本地化和社区化。

来自俄亥俄州克利夫兰市的五大湖酿造公司最与众不同的特色就是它的可持续发展项目。在克利夫兰这座衰落的工业老城，曾因严重污染的凯霍加河上燃起的大火而闻名一时，所以五大湖酿造公司在一开始就将环保定位为品牌的核心价值观。

五大湖酿造公司在俄亥俄州巴斯的黑尔农庄经营自己的潘特塞斯农场，种植有机蔬菜、草本香料、鲜花供应给自己的酒吧。凡是他们自己没法种植的原料，公司会从符合有机标准且有环保意识的农民、供应商那里采购。公司的员工也会去农场工作。

五大湖酿造公司的货车和其他车辆均使用废弃蔬菜油为燃料，酿酒产生的麦渣会送给当地农民和面包店，一部分成为蚯蚓的饲料，为潘特塞斯农场提供养料。在冬季，酒厂的发酵罐采用自然环境的冷空气进行降温。天窗和感应灯最大限度地减少了能源的浪费，酒厂酒吧采用 12 片太阳能板提供电力。采用短程灌装技术的埃德蒙菲茨杰拉德波特啤酒和圣诞艾尔啤酒可以用于炖汤、制作香肠，甚至用于冰淇淋的制作。

不仅如此，五大湖酿造公司还每年举办燃河环保节，用来纪念 1969 年凯霍加河燃烧事件。那是克利夫兰曾经的伤痛，也是城市展开环保改革的转折点。庆典活动内容包括当地各个环保组织的教育展览，当地农场和饭店提供的美食，还有现场音乐。活动所得部分善款会存入燃河焕白基金，资助给环保组织的俄亥俄州河道清洁工程。

几乎所有的精酿酒厂都在反对工业化，美国精酿文化繁荣更多地体现在小众文化上，因此造就了美国精酿不仅是在产品上的多元化，而且是在文化上的多元化。他们不止酿酒，还支持多元的小众文化。

北岸酒厂从开业之初就一直支持当地的爵士乐。对于爵士音乐的支持逐渐发展成了酒厂的主要社会责任。2012 年，北岸酒厂为蒙特雷就音乐节和门多西诺音乐节捐资约 6 万美元。北岸酒厂还向各类小型庆典活动和音乐会捐赠了价值 8 万美元的啤酒。他们还为华盛顿特区的塞隆尼斯蒙克爵士音乐学院捐赠了 12 万美元。

美国的精酿酒厂就是为社区服务的，几乎 90% 的精酿消费都是在本地产生的。比如美国的鼎鼎大名的罗格酒厂。罗格酒厂正如他们的酒厂名字 Rogue 一样，给人淘气恶搞的感觉。1988 年 10 月，三个 Nike 公司的高管 Jack Joyce、Rob Strasser 和 Bob Woodell 在俄勒冈州的阿什兰创立了罗格。最初的罗格酒吧只有 60 个座位，地下室就是他们的酿酒作坊。开业第二年，Joyce 在纽波特市偶遇了 Mo's 连锁餐厅的老板 Mo Niemi 夫人。Niemi 慷慨地提供了一处海边的房产，鼓励他们在纽波特再开一家 brewpub，提出的条件仅是“feed the fisherman”（回馈本地社区）。至今，罗格仍然践行着他们的诺言，以各种方式回馈着本地的人们。为了纪念这位老夫人，他们还用她的画像做了一款酒的标签。如图 7-12 所示。

图 7-12　罗格啤酒以 Mo Niemi 夫人为形象的酒标

图片来源：http://www.jianshu.com/p/ac20fbf0bd58

如果说美国的精酿运动起源于嬉皮士文化，而身处我们隔壁的亚洲第一精酿大国——日本，他们的精酿运动又是在什么社会文化的浪潮下催生的呢？

日本精酿的诞生背景是日本政府在日本经济下滑后，试图拉动本国的消费能力，开始大力推广国内的旅游产业的发展。为此，这个时期的日本开放了很多生产限制，包括啤酒。这是日本精酿产生的直接原因，在这之前，小型自酿啤酒在法律上是不被允许的。在日本这个讲究礼法的国家，去到其他地方旅游怎么能不买点当地的纪念品带回去给亲戚朋友呢，所以日本精酿的消费者不是当地的居民，而是外来的旅游者。

所以日本精酿的文化特点就是与旅游业结合紧密，深挖当地的旅游文化。大多数品牌的做法是起一个本地化的名字，用一个本地的经典作为酒标，酿啤酒中加入本地的特产。水果也好，大米也好，蒜也好，切实地体现本地化。极致的就是在啤酒里面加入各种颜色的色素，因为本地的特色是大海，是风景……

以日本第一家拿到执照的精酿酒厂 Okhotsk 为例，Okhotsk 是城市附近海域的名字。离开这个城市谁还知道这款啤酒呢？因此只能在这小小的北见市可以找到这款酒。

很多人都知道有一款蓝色的啤酒——网走啤酒，其在 2008 年推出了“流冰 DRAFT”，加了天然色素栀子蓝，用于体现著名的大海和流冰。后来其又推出其他几种颜色，就是为了宣传本地的旅行风光。如图 7-13 所示。

图 7-13　网走“流冰 DRAFT”啤酒

图片来源：公众号“Imbeer 爱啤酒”

有的酒厂甚至为了打出来的啤酒好看，还制作了向前拉出酒，向后推出泡沫的酒头。这就是日本啤酒的“国民性”，非常符合日本人那种把事情做到极致的匠人精神。

目前中国精酿的文化表现有几种类型：对中国传统文化元素的运用；与亚文化的结合；与地域文化相结合。

中国精酿品牌在产品和设计上都会运用一些中国传统文化元素，如图 7-14、图 7-15、图 7-16 所示，包括宗教文化（道教、佛教）、绘画艺术（壁画、水墨、年画）、文学元素（武侠、神话）、年代历史（“大跃进”），但是主要运用在单个产品而非整体品牌上。有的精酿在原料上运用了中国特有的原料，酒标的设计却非常西方，或又把它放到夜店等地方去卖，这样很难让消费者认识完整的品牌形象。

图 7-14　门神精酿“齐天大圣”啤酒

图片来源：http：//mp.weixin.qq.com/s/l5yxTMsT_qFsyU_G1q9VFQ

图 7-15　门神精酿“玉皇大帝”啤酒

图片来源：http：//mp.weixin.qq.com/s/l5yxTMsT_qFsyU_G1q9VFQ

图 7-16　门神精酿葫芦型酒杯

图片来源：https：//www.ddvip.com/weixin/20170801A03M2T00.html

我们需要围绕传统文化在产品概念、产品形象和品牌营销上将区域文化做透，让消费者有亲切感和归属感。在这一点上，香港的门神精酿做的还是很好的。在产品上，其用特殊材料如金橘、枸杞等传统食材做一些实验性的啤酒。门神啤酒还会按照农历日历做相应的季节性特调。酒杯上不仅有传统的各种精酿杯形，甚至还有葫芦形的酒杯。形象上采用中国人耳熟能详的神话人物，让消费者有亲切感。

对于中国精酿来说，消费者的认知度太低是个很大的问题。消费者根本不知道精酿，更何谈精酿的消费和文化。所以当务之急是解决认知度低的问题。美国的波士顿啤酒公司是第一家在媒体上投放大规模广告的小型啤酒厂，而且这一做法极其有效，波士顿啤酒公司因此在美国酿酒业奠定了自己的地位。

很多精酿品牌会将自己的品牌和小众文化结合起来。诚然，这样可以让精酿在文化特性上和工业啤酒区分开来；并且由于小众文化的多样化也可以让品牌自身有特定的理念和消费者，但是在精酿市场认知度不高的情况下，这就提高了精酿的文化推广的门槛。但中国和美国不同，中国向来少有批判文化和自我表达文化。所以，在小众文化上，更多地体现在一些边缘的流行文化或通俗文化中。

它们更深入地了解不同人群看待世界和定义自身的方式，将自身的品牌作为载体，将这些价值观念传播出去。比如，嘻哈音乐一直被认为是小众音乐，但是也利用网络综艺这样的形式走进了大众视野，精酿应该更多地发现这样的一些边缘亚文化。

在这一点上，精酿对小众文化的选择需要注意，可以选择相对小众的文化，但是过分小众的文化不利于品牌的推广和传播。比如说民谣、摇滚相对于流行音乐可以算是小众文化，但是它们的受众数量庞大并且有较大型的活动比如音乐节的支撑，这样的文化不失为一种好选择，与这些文化的结合才能让精酿有更多被消费者接纳的机会。

中国地大物博，不同区域的风土人情、价值观念往往多有不同。在全球化的背景下，人们迫切地寻找自身的根源，珍惜不同地域的差异和特色。地域文化在中国啤酒行业里面早有体现，在 20 世纪 60 年代到 80 年代，各地都有自己的啤酒厂，西湖啤酒、天津啤酒、武汉啤酒等，甚至人们都有到了一个地方必须尝一尝当地啤酒的需求。但是在资本扩张和行业整合下，这些啤酒厂几乎都被兼并收购，销声匿迹了。但地域文化无疑是一个极好的精酿啤酒的文化概念。地方啤酒也许是当前主力消费者儿时记忆中的重要组成部分，主打地域文化能够引起消费者的共鸣，唤起消费者对啤酒最初的记忆，同时通过地域文化与旅游相结合，开拓精酿更宽阔的销售渠道。

与地域文化的结合点一般体现在方言、区号及当地民俗习惯等。目前国内已经有一些精酿品牌开始利用地域文化作为产品的开发灵感，但是还未成体系，如武汉十八号酒馆的“跳东湖”（图 7-17）。“跳东湖”的酿造灵感来自武汉年轻人一年一度为表达自我的一个活动，缘于 2010 年一群小轮车爱好者骑车跳入湖中。这如今已经成为武汉年轻人的一个文化地标（图 7-18）。事实上，越来越多的精酿品牌已经开始走区域文化品牌之路。比如，云南的“风花雪月”，常州的“日古力”。但精酿区域文化构建不是只起一个符合当地习俗的名字，而是要真正唤起当地消费者的文化认同感和自豪感，引发共鸣。这无疑考验着精酿啤酒的文化洞察和品牌构建能力。

图 7-17　武汉十八号酒馆“跳东湖”

图片来源 http：//www.imbeer.com/news.php？art_id=9491

图 7-18　武汉年轻人“跳东湖”活动

图片来源：http：//news.qq.com/original/oneday/2790.html

维度三：基于场景的商业模式

当旅游变成越来越多人的日常，对旅游资源的开发就不仅仅局限在自然风光和历史遗迹，工业旅游成了一种新的生活方式，一些大品牌利用自己的品牌效应，开放工厂，吸引游客的同时也让自己的品牌家喻户晓。这种方式不仅能够让自己的品牌在消费者心目中留下深刻的印象，也能够成为口碑传播的内容，旅游过程中产品和周边的售卖也能够有效拉动销售。

在国外，工作场景模式相对来说比较成熟。波士顿的鱼矛精酿酒厂表示，他们酒厂每年可以通过参观酒厂收入 100 万美元。

在这方面，由于文化的相似性以及对细节的近乎苛刻的雕琢，我们的近邻日本可以作为借鉴和参考的对象。

日本三得利集团旗下的威士忌品牌山崎开放了它们的第一间同时也是日本的第一间威士忌酒厂——山崎蒸馏所。他们的工业旅游模式设置是：

●供需需求控制

参观人数配额，限制参观准入导致供不应求。山崎规定参观酒厂只能通过官方网站和电话预约，否则不予接待。每天只接待 4—6 批次，每批次 20 人左右。这不仅是从工厂管理需求角度出发，而且是对供给的控制。因为稀缺所以珍贵，反而导致消费者的消费意愿的上升，本质上是饥饿营销的策略。

●廉价高质定位

参观价格低廉，每人 1000 日元（约 71 元人民币），80 分钟时间，专业讲解 + 手持语音设备 + 纪念册 + 四杯威士忌品饮 + 免费小吃，就产品本身而言，绝对物超所值。

●清晰路线设置

整个参观路线清晰明确，展示效果有经过反复打磨，顺序、时间、兴趣点非常合理；整个路线完整覆盖威士忌制作的流程，对每一个重要环节都有涉及和深入；在细节管理上，麦芽糖化车间温度非常高，但参观步道的上方均有针对性的空调出风口，保证了游览客人在参观同时体感舒适。其中非常多的细节，是我们认知中的典型的日本管理设计。

●兴趣点打造

在威士忌存放的酒窖停留和讲解时间最长，详细地说明了木桶的不同、木桶大小的影响、陈年的作用等等细节，顺带给山崎的主要产品都做了广告。

作为参观最后环节的品饮，不光有威士忌可以喝，还讲解和指导如何喝。熟悉酒水行业的人都知道，在品饮环节加入对嗅觉、味觉的指导或者说暗示，对参与者的体验有非常明显的提升作用。而且品饮环节还加入了学习制作山崎威士忌的高球（High Ball）鸡尾酒的方法。有动手环节，对于后续拉动销售有直接意义。

●一流造景能力

日本原本就在园林设置上有造景能力，在工业旅游环境中应用得也非常充分；整个参观的过程，麦芽的糖化锅、木制的发酵车间、闪闪发亮的黄铜蒸馏器，这些都经过了精心的设计，让参观者在浏览之时印象深刻，而且要点突出；结合日式园林的风格装点酒厂的绿化，有许多特别有匠心的细节；利用造景突出特点，如图 7–19、图 7–20 所示，拍摄的位置是储存威士忌的酒窖，从内向外望，一片翠绿，赏心悦目，走出来之后出现山崎离宫之水的投射景观，一股引自山间的清泉，流入一泓浅潭，想不记住都难。

图 7-19　山崎酒厂景观 1

图 7-20　山崎酒厂景观 2

图片来源：http：//mp.weixin.qq.com/s/mH8V3sVUO4gYvoDOq1_V7Q

●旅游消费突出

参观结束的场地是纪念品商店，其中有大量周边产品，不乏普通的酒杯酒壶，也有与酒毫无关系的零食特产，当然重头戏是各种只能在酒厂买到的特别款威士忌，人均消费都在 2 万—3 万日元（约 1400—2200 元人民币）。

酒厂还设有酒吧，如果对品饮环节意犹未尽又或希望吃吃喝喝的人，还可以去酒吧。酒厂周边环境优美，有许多植被，又离火车站距离很近，没有后顾之忧。

在旅游基础上设置的纪念品消费、产品销售以及现场体验消费非常突出，这就扩大了单项盈利能力。同样，啤酒不是只能在酒吧喝，或者佐餐喝。在新技术的推动下，旅游时、逛街时、飞机上、火车上……新的啤酒消费场景成为可能。新场景的定位也在一定程度上消解了原有的渠道主导。

维度四：基于服务的商业模式

去青岛旅游的时候，旅游攻略一定会告诉你，一定要去当地小店把啤酒打包在塑料瓶中边走边喝感受一下原汁原味的青岛人的生活。青岛抓住野外聚餐、家里聚会产生的啤酒外带这个需求，先于全国各地开启了啤酒打包的商业模式。

在青岛原醇小站，不大的店面里面有 2—3 张桌子，还有吧台，可以容纳 15 人左右在店内堂饮。堂饮是为了创造氛围和满足歇脚的需求，他们更多的销售利润来自于啤酒的外带。用特殊的酒头把啤酒灌装到塑料瓶里，客户就可以将酒带回家里喝。青岛原醇小站只是售卖青岛啤酒，所以是青岛啤酒的一个销售渠道。如果真正开创一个新模式，销售更多的精酿啤酒的模式又应该是如何的呢？

2017 年，在常州，一家叫“啤加满”的小店悄然开业（图

7-21）。没有过多的宣传，却在短短时间内吸引了来往行人的关注。这家面积不大的店面里有一面颇为壮观的酒头墙，售卖来自全球的 30 多种精酿生啤。不同于传统精酿提倡消费者在店内细啜慢品的形式，这家店更提倡消费者将啤酒打包带走。当然外卖的形式是更受欢迎的，消费者可以通过电话或者外卖 App 订购。店内所有的生啤都不是打到杯子里而是用等压灌装的方式打到外带瓶中，如果要在店内喝，店员则会提供你一个杯子。

这种商业模式，其核心价值主张是在于面向更多的普通消费者，让更多的消费者以更便宜、更便捷的方式买到来自全世界的最新鲜的优选好啤酒。为了做到更便宜，啤加满缩小门店面积，取消各种堂食，在成本上做到精简，使得同样品牌的产品价格可以比瓶装啤酒便宜 30% 左右。为了做到更便捷，啤加满的选址贴近商业中心、密集社区和旅游景点及核心，贴近消费者，并且更快速地提供外卖服务。为了做到最新鲜更好喝，采用了专业的等压灌装酒头，确保 72 小时的保鲜时间，4 度的最佳饮用口感。同时，围绕着核心价值主张，啤加满也构建起自己的核心能力，包括精准的选址能力、一定的开店密度、产品供应链的管理能力、品牌营销能力以及内部管理及服务能力。

图 7-21　啤加满门店

啤加满的商业模式构想来自于俄罗斯。在俄罗斯，这种外带型服务类型的啤酒店遍布街头各处。除了更节约成本之外，这种on-tap的啤酒（也就是俗称的“扎啤”）最大的价值在于“更新鲜更好喝”。什么是精酿啤酒？这个定义一直有所争议，但有一点大家都认同，精酿啤酒是为了给大家更多更好喝的啤酒。所以，精酿和传统工业啤酒的区别就在于其一定是在做口感的升级。去过日本的人也知道，在日本，很多餐饮小店的啤酒都是这种on-tap的啤酒，并且日本小店的on-tap啤酒品质都很高，风味清香，泡沫绵密，口感清爽。和传统工业啤酒相比，消费者的体验感大大提升。所以，在笔者看来，未来中国的on-tap啤酒会成为精酿啤酒抢占市场的一个重要利器。因为和on-tap相结合后所产生的精酿啤酒，将是啤酒消费的高形态升级，既有酒的品质升级，更是包装方式和饮用方式的升级。这也真正构成对消费者需求的拉力，并且突破原有的啤酒垄断壁垒，从而成为进入传统工业啤酒垄断的餐饮渠道的一个重要武器。

同时，我们要看到，在这一商业模式中，除了酒本身的口感，有两个因素至关重要：一是啤酒分发设备的品质，二是设备维护及日常服务。啤酒分发设备的品质好坏，不仅会影响使用年限、使用过程中的感受，最重要的是会影响到精酿啤酒的品质，而在分发设备的使用过程中，如何做好日常的清洁服务和维护服务，是很关键的一环。所以在选购啤酒分发设备时，价格是次要因素，价值才是重点，而这个价值就包括产品品质、设计造型以及重要的服务能力。

要打破旧有现状，需要创新，而创新便需要新的维度。新体验、新文化、新场景和新服务，便是精酿行业商业模式创新的四大维度，也是中国精酿行业和传统啤酒行业有所区别的关键要素。

身处精酿行业里的企业要想长期可持续发展，就必须思考自身的创新是建立在何种维度之上，并且在这个创新的价值点上，如何更好地积累自身资源，打造能力，从而构建起一定的竞争优势。

8 新技术、新业态及新趋势

XINJISHU XINYETAI JI XINQUSHI

风起于青萍之末，浪起于微澜之间。大影响、大思潮都往往是从细微不易察觉之处发源的。要更好地看到未来，其中很重要的一点在于更好地把握当下，当下的新技术、新现象、新业态便是洞察未来的关键之钥，这些新现象背后所呈现出的原则性，以及对行业的颠覆性将在未来的精酿市场卷起真正的大浪。

在第八章中，我们回到当下，看看当前精酿市场所呈现出来的创新将如何改变这个行业。

第一节

技术助攻

技术的发展会改变用户的消费场景。移动电话的出现让电话的使用场景不再局限于家里或者街道上的公用电话，而是变得随时随地；电子商务和物流的发展让购物不再只能去商场，而是能够在家里任意下单。技术改变消费场景的现象在任何行业都有发生，在精酿行业也同样如此。新技术带来的既有啤酒口味上的改变和提升，也有消费者体验感的增强，更有开拓新场景和新渠道的可能性。

图 8-1　Fizzics 公司的可移动生啤系统—Waytap

图片来源：http：//mp.weixin.qq.com/s/AsXWAmRFawlMhjcflPJiuQ

＊一家名为 Fizzics 的科技公司，为了革新人们饮用啤酒的方式，推出了一款全新的可移动生啤系统——Waytap。这款机器使用了 Fizzics 公司"微泡沫"技术（Micro-Foam Technology），这种技术可以增强瓶装或者灌装啤酒的香气和口感，让泡沫更绵密紧实，无论是 IPA、皮尔森、世涛、拉格，都可以使用这个机器增加风味；简单来说它可以让难喝的啤酒变得好喝，让好喝的啤酒变得更好喝。这款机器特别适合在家庭或者派对上使用。

*时代啤酒 Stella Artois 在美国推出了一款新型的台式生啤一体机 NOVA。

该机器是和著名工业设计师 Marc Thorpe 合作设计的。

NOVA 的特别之处在于麻雀虽小五脏俱全。

机器内含电子组件，冷藏区，压缩泵和瓶子，只需 4 个小时，便可快速冷藏啤酒。百威英博说这是新一代台式生啤机器的代表之作，专为空间私密的酒吧、酒廊或者餐厅而度身定制，填补了那些没有空间摆放传统生啤机的空白渠道。

图 8-2　时代啤酒新推出的台式生啤机 NOVA

图片来源：http：//mp.weixin.qq.com/s/XmJCG9moBkaeZPZyi8RDdA

图 8-3　消费者用 VR 设备享受啤酒

图片来源：http：//mp.weixin.qq.com/s/oynL8uGQ-TBbTySJN-mTQQ

*2016 年苏格兰手工啤酒厂 Innis & Gunn 和朗姆酒酿造厂哈瓦那俱乐部（Havana Club）尝试借助 VR 设备，创造独特的喝酒体验。

用户戴上 VR 头戴设备和降噪耳机，同时手拿一杯精酿啤酒，下一秒，他们会发现自己到了一个洞穴里，然后慢慢游览着一个又一个苏格兰田园乡村：森林里有棵树倒了；麦田里沙沙作响；柔波轻吻着岩石；夜幕在灯火通明的海湾上空悬挂着。

第二节

场景的想象

精酿的消费场景改变不仅依托于技术的改变，渠道的不断开拓也催生精酿消费场景的多样化。精酿从只能在进口超市、精酿酒吧购买到在线上、餐饮行业和交通行业购买，消费场景也从家里、酒吧变化为在外聚餐吃饭、机场、飞机上。

目前精酿比较有特点的场景有：

一、啤酒产品全面进入连锁快餐行业

从全球范围来看，啤酒产品正在全面进入快餐连锁行业。

麦当劳已经在韩国推出了亚洲市场的第一款啤酒产品“Mc-Beer”。

星巴克也推出了首款酒精饮料“Espresso Cloud IPA”，这是一款精酿啤酒和浓咖啡搭配的酒精饮料，在星巴克的晚间时段出售。

肯德基也不甘落后，2016 年 1 月在澳大利亚申请了酒类营业执照，在悉尼西部尝试出售啤酒和苹果酒。

同属百胜旗下的“塔可钟”也在 2016 年 9 月在菜单上增加了啤酒的品类。

而在中国，这个趋势也渐起苗头。2016 年 1 月，肯德基在山东、河南等省的 35 个地级市 430 家肯德基餐厅售卖与青岛啤酒合作的“鸿运当头”鸡年特别款啤酒。

而后，青岛啤酒又推出了精酿啤酒精酿扎啤在肯德基售卖。如图 8-4 所示。

图 8-4　肯德基餐厅中售卖的青岛啤酒

图片来源：https：//baijiahao.baidu.com/s?id=1570246499968811&wfr=spider&for=pc

上海，在甘其食的高端门店“包包”中可以看到上海本地精酿品牌莱宝的身影，同时莱宝还进驻了老牌拉面连锁品牌“味千拉面”。

二、精酿啤酒不断开拓航空渠道

精酿在机场：

出于安全的考虑，全世界大部分机场都不允许乘客携带液体饮料上飞机，所以大部分的精酿爱好者只能通过托运的方式将喜爱的啤酒带到目的地，这样做不仅容易因为超重而缴纳多余的费用，还需要承担啤酒瓶破损的风险。

纳什维尔的Tennessee Brew Works公司与当地机场达成合作，在安检之后设立酒吧，旅客在机场就可以购买他们品牌的多种精酿啤酒。

精酿在飞机上：

精酿啤酒的航空之旅不止步于机场，在航线上也不断突破。

2014年以来，北欧航空（Scandinavian Airlines，简称SAS）与丹麦知名精酿啤酒品牌Mikkeller（美奇乐）携手合作，为旅客定制一系列限量版啤酒，包括12款风格各异的精酿啤酒，其中6款为限量版750毫升瓶装啤酒。

2017年9月，SAS继续联手美奇乐陆续推出两款全新的北欧航空Mikkeller定制精酿啤酒，旅客在北欧航空的所有航班上均可品尝到北欧航空Mikkeller定制精酿啤酒。之后，北欧航空还与Mikkeller为喜爱啤酒的旅客推出新产品，提供更多不同风味的精酿啤酒。

在中国，从2017年5月份开始，南方航空开始在中国往返欧洲航线的头等舱供应森美尔的两款精酿啤酒：印度淡色艾尔和棕色坚果艾尔。

国泰航空则专为飞行酿造了一款精酿啤酒Besty，解决了在飞行中由于海拔高度、机舱气压、飞行噪音等种种因素，人的味觉灵敏度在机舱环境下会减退30%而导致很多人觉得啤酒在飞机上更苦的问题。这也是世界上第一款为航空消费场景定制的精酿啤酒。为了让啤酒的口味更醇厚，喝起来更有层次感，同时又不那么苦涩，Betsy用未经过滤的麦啤作为基础啤酒，同时保留富含维生素B的酵素，还在酒中充入了更多的二氧化碳，从而刺激口腔对味道的感应，也让酒中原麦的香味更加突出。

第三节

环保的新责任

今天的商业，受环保的影响越来越大，只有环保，才能让商业真正长期可持续。当精酿啤酒的产业发展越来越完善的时候，精酿企业也开始承担起更多的社会责任，关注酿造和运输过程中的可持续发展，为环保事业贡献力量。

1.Widmer Brothers 酒厂成为俄勒冈州首个安装二氧化碳回收装置的啤酒厂。

Widmer Brothers 酒厂安装了一套新的二氧化碳回收装置，成为俄勒冈州第一个可以收集二氧化碳的酒厂。该装置与 ICC 工程合作建立，可以让啤酒厂收集、清洁和过滤发酵过程中释放的二氧化碳，再将收集的气体进行碳化和包装。这是啤酒厂持续致力于可持续发展的一大成果。

二氧化碳是啤酒酿造过程的天然副产品，也是啤酒厂使用量最大的气体。Widmer Brothers 酿造公司的新二氧化碳回收系统可以让 Brothers 酒厂实现二氧化碳的自循环，通过这个系统，酒厂不再需要购买外部供应商提供的二氧化碳，大大节约了酿造成本的同时还减少了二氧化碳的排放。

2. 内华达山脉酿酒公司安装干性输送系统节约大量水资源。

顶级的精酿啤酒厂正在摸索如何让生产更加环保、高效，二氧化碳的回收是一个举措，但啤酒厂的用水量是巨大的。2017 年 8 月，位于加利福尼亚州内华达山脉酿酒公司安装了由 System

Plast NG Evo 提供技术支持的干性输送系统，对其 Keg 桶生产线进行了改造，减少了啤酒桶在传送过程中所使用的用水量，每年可以节省酿酒公司 75，000 加仑的水。

3.KeyKeg 公司尝试塑料 Keg 桶回收。

国际领先的轻型扎啤桶公司 KeyKeg 启动了几个回收二手 KeyKegs 桶的试点项目，这样可以让原本一次性使用的单向小桶在发货后找到第二种利用方式。在德国的轻量级包装公司——Drinktec，已经制造出第一个有 10% 的 KeyKegs 材料和 40% 回收材料 KeyKegs 塑料单向小桶。相信在未来，回收材料的百分比将不断上。

4. 在中国，塔罗斯国内独家研发的太空桶，改变了精酿桶装啤酒的运输方式。

图 8-5　塔罗斯太空桶

传统的不锈钢啤酒桶因为其遮光、密封的特性是目前精酿啤酒的主流运输方式，然而不锈钢酒桶仍然有其不可避免的缺陷，首先是成本较高，体现在运输、配套、仓储和维护这四个方面。循环使用的不锈钢酒桶不仅造价高，而且由于其自重较大且需回收导致运输成本较高；不锈钢酒桶需要配套使用 CO_2 瓶并且在使用过程中 CO_2 损耗很大；传统不锈钢酒桶需要较大的仓储空间，很多小型酒吧或餐饮店很难满足仓储空间的需求，还有可能面临被盗窃的风险。检测、清洁、养护的工作是不锈钢酒桶使用时必不可少的步骤。即便如此，灌装前不到位的清洁仍有可能因为二次污染导致 2% 的坏酒率。或者灌装时，由于人为或配件损坏也会导致 0.2% 的坏酒损耗。

塔罗斯独家研发的自重轻、一次性、免回收的太空桶有效避免了不锈钢酒桶的高成本问题，同时由于一次性使用避免了清洁不到位引起的坏酒损耗。同时提高了精酿啤酒的保存周期，传统不锈钢酒桶的保存周期为 180 天，太空桶的保存周期可达到 360 天。最重要的是，更高的性价比帮它减少了桶装啤酒进入渠道的阻力，让更多的消费者能喝到更好喝的精酿啤酒。

第四节 为更多人服务的新产品

不断细分是行业生命力的来源，是延长行业生命周期的方法，啤酒行业从工业啤酒的无差别产品到精酿啤酒越来越细分意味着行业的生命力在增加。

乳糜泻或麸质过敏是一种常见的一种自身免疫病。在进食麸质后，过敏者或患者他们的免疫系统不仅仅会攻击麸质，还会攻击自身的肠道壁细胞。在美国，乳糜泻影响着约 1% 的人群，在年长人群中可能有 2%。而在中国，因为相关基因的普遍性，以及小麦摄入的增加，呈现出明显的冰山现象。在湖北地区的慢性腹泻患者中，存在一定比例的乳糜泻患者。并且越来越多的研究表明，在全球范围内，乳糜泻的发病率在急剧上升。[1] 所幸医生发明了无麸质饮食来帮助患者解决困扰，后来越来越多的人认为这种饮食方式热量更

[1] 知乎专栏：《为什么无麸质饮食可以让你更健康》，https：//zhuanlan.zhihu.com/p/20621970？columnSlug=glutenfree。

低，所以无麸质饮食越来越成为一种健康的饮食风潮，食品品牌也开始将无麸质作为产品的卖点，即便如此作为大众饮品的啤酒却仍然不能被患者享受到，因为大麦是啤酒酿造的基本原料之一。不过为了适应这种潮流，啤酒品牌还是在想办法进入无麸质饮食界，他们试图用大麦以外的其他原料来酿造啤酒。

美国俄勒冈州的一家啤酒制造商 Ground Breaker Brewing 对于许多不含麸质的原料进行了测试，最终筛选出了几种原料，烤扁豆非常通用，而且味道不错，可以代替谷物；板栗也跟大麦非常相似。但其他的都失败了，比如用玉米秸秆制作的啤酒，最后成了“蜜糖酒”。加拿大蒙特利尔的啤酒制造商 Brasseurs Sans Gluten 则使用了荞麦、藜麦，还有板栗。

除了精酿啤酒品牌，一些大型制造商也加入了这个阵营，这无疑是市场是风向标之一。

近期，嘉士伯宣布在英国推出生力啤酒（San Miguel）的无麸质版（Gluten-Free），进军此类市场。

苏格兰最大的拉格啤酒制造商 Tennent Caledonian 推出了一款叫作 Gluten Free T 的无麸质啤酒，目前已经进入苏格兰的酒吧、俱乐部、餐馆和大型超市等各个渠道。他们不仅希望通过这款啤酒吸引麸质不耐受的消费群体，还希望 Gluten Free T 能够吸引喜欢“无麸质”饮食的消费者。

不仅如此，还有一些啤酒厂在选择目标市场的时直接将无麸质啤酒作为自己的目标。来自英国的小型酒厂 Bellfield 一直专注于无麸质啤酒的生产，他们的啤酒也受到了业界的认可，获得过多次国际大奖。他们一直致力于探索无麸质啤酒更多原料的可能性。2017 年他们宣布将采用一种澳洲进口的无麸质大麦进行酿造，他们对这种大麦已经研究了 13 年，刚刚才投入啤酒生产。这种大麦不仅保留了啤酒传统的大麦风味，而且避免了麸质对乳靡泻患者的伤害。

不只是无麸质啤酒，啤酒厂商们正在对消费者进行越来越细的划分，针对女性口味的水果啤酒，针对酒精过敏者或司机用户的无醇啤酒，针对注重健康用户的保健啤酒，甚至针对儿童的儿童啤酒正在不断地被生产出来。

第五节 新零售下的精酿

多样化的精酿啤酒意味着需要更多的渠道和售卖方式来送到不同的消费者手中，除了传统的酒吧、餐饮和商超渠道，精酿还可以怎么卖？这是业内不断探索和寻求的方向。

一、新零售与精酿啤酒

2017 年 3 月，北京尚品生活科贸有限公司旗下品牌“调啤”与阿里巴巴旗下盒马鲜生品牌达成战略合作，以店中店的形式正式进驻盒马鲜生，这是国内首家精酿啤酒入驻新零售的案例。自从 2016 年云栖大会上马云首次提出“电商即将消失，新零售即将来临”概念以来，新零售成了商界热词，不管是电商企业还是传统商超零售企业都在积极尝试和探索新零售的各种模式。

2016 年北京时间 6 月 16 日晚，亚马逊突然宣布以约 137 亿美元（约合人民币 933 亿元）的天价收购专注有机健康食品的全食超市（Whole Foods Market）。此前亚马逊金额最大的一笔收购是收购了 B2C 企业 zappos，收购金额为 12 亿美元。作为亚马逊 2016 年最大的一笔收购，此举是亚马逊投身新零售的重要一步。

何谓新零售？了解新零售之前我们必须先知道时代的变化让零售行业产生了巨大的变化，但零售的本质不会改变。零售活动中必须包含三要素：场景——货（产品或服务）——人。过去零售的方式都是货——场景——人，在线下表现为生产商品，找到最旺的商铺，卖给更多的人；在线上则是生产商品，购买更好的位置和流量入口，卖给更多的人。他们的共同特点是依旧以产品为核心。新零售则是人——货——场景，也就是基于对消费者的洞察，生产或优化出符合他们需求的产品，将它们放在合适的场景里卖。所以新零售的核心是人。那么对消费者的洞察怎么来呢？过去对消费者的洞察或许来自营销人员的主观判断和一些市场调查数据，新零售则是打通线上线下获得的海量数据，通过数据对消费者进行识别、洞察和服务，重构零售关系三要素的结构层次，从而实现对零售的升级。

不仅是亚马逊，国内的零售企业也在经历新零售的行业升级，目前国内的新零售主要分为两种形式：一种是无人便利店，包括欧尚超市投资的 24 小时全自助智能便利店缤果盒子以及包括阿里在内的多家企业尝试推广的无人便利店；另一种是线上线下结合的新业态，既是超市，也是餐饮店、菜市场、外卖，比如腾讯领投的每日优鲜和上文所说的盒马鲜生。

新零售的大力发展对于精酿来说有什么意义？是否能够促进精酿的发展？目标群体是否契合？消费场景是否匹配？能否作为精酿的渠道补充？

我们认为新零售确实是能够促进精酿发展的渠道之一：

第一是目标人群的契合。以盒马鲜生为例，目前他们的主要消费群体为 25—35 岁的互联网用户，有一定的消费能力，它们的客单价一般在 100 元左右，消费场景主要围绕家庭生活，男性主导买单。这些特征与精酿的种子用户高度重合。对于精酿来说，如何进入大众化的销售渠道一直是一个很大的问题，精酿啤酒一直试图进入传统线上线下的零售渠道，但是由于目标消费群体的差异较大，并没有收到理想的效果。从这一点上看，新零售确实是一个值得尝试的新渠道。

第二是消费场景的契合。盒马鲜生等店面一般设立在居民聚集区，服务周边的多个小区，解决一般精酿企业无法解决的“最后一公里”问题。另一方面，啤酒佐餐是一个传统的饮食习惯，可堂食的功能为精酿增加了新的消费场景。

第三是体验感。传统大型零售渠道通过在价格上的不断竞争，通过降低成本为顾客带来高性价比的同时也损失了服务的体验。另外，大型零售商的 SKU 太多，导致客户的决策时间较长反而不符合现代消费者不断加快的生活节奏。新零售对数据的把握可以为精酿企业的产能、备货提供足够的数据依托，避免多余的成本，另外较少的品类也减少了精酿企业竞争的压力。

二、精酿下沉到二、三线城市

精酿行业一般将自己的消费者定位为一、二线城市的中高收入人士，在品牌表达上强调高端、个性和小众。2016 年，酒花儿创始人沈恺收购宿州酒厂，介入精酿产业链上游，创立了精酿品牌“梦想酿造”。“梦想酿造”选择规模化、大众化的路线，将目标市场放在了经济较发达的南方三、四线城市，以在一个地区密集穿透式地开设连锁门店的形式销售低价高质的啤酒，当形成规模效应以后再回到一线城市，以形象店作为品牌支撑。

从近几年的新消费品品牌的崛起来看，“梦想酿造”的战略符合了近几年消费品牌塑造的趋势。像“三只松鼠”“喜茶”之类的品牌都是先在三、四线城市培养成长起来，规模化地在三、四线城市经历市场的考验后，再向一、二线城市输出品牌价值和运营经验，塑造品牌的形象。

而对于精酿品牌来讲这种路线不仅是有效避免竞争的方式也是将精酿这块蛋糕做大的方式。一般概念中，大城市的精酿气氛要远超三、四线城市，价格接受力也强很多，但是大城市的渠道竞争也相对激烈，就如百威介入精酿市场也是从上海收购精酿酒吧开始的。除此之外，大城市的消费力是否被高估也是一个值得思考的问题，对于北上广的广大白领来说，一杯 50 块钱的精酿是否能够让他们作为日常消费而非偶尔奢侈？ 作为初创品牌没有办法阻止大型企业抢占渠道的行为，不如将自己的渠道转移到竞争蓝海，对于南方的三、四线城市，50 元一杯的精酿或许难以承受，但是十多元一杯，比普通拉格啤酒贵 2—3 倍的价格却是可以承受的，随着规模的增大，价格更有优化的空间。

对于目前精酿行业品牌离散化，对大厂的进攻毫无招架之力的现状，“梦想酿造”选择以规模化控制供应链成本，以连锁店控制三、四线城市的终端的路线值得其他精酿品牌借鉴。

精酿的千种玩法

JINGNIANG DE QIANZHONG WANFA

精酿行业目前的竞争格局显示，大厂由于有较为完备的设备、多年来建立的各自独立的销售渠道和倾力打造的品牌影响力，以及充足的资金，在精酿竞争中占有优势，而精酿小厂尽管在口味的多样性和文化价值的塑造上有鲜明的特点，但在其余方面无优势可言。

精酿行业未来该如何发展？

在美国，精酿从车库的家酿起步，发展到现在，按零售额来算，占领美国啤酒市场的 21.9%，一个共识是创新。

创新就是如何把想法变得有用的过程。

创新的方法有多种，有连续性创新，如基于原有产品或服务的更新迭代；有颠覆式创新，借助颠覆性产品，开辟新的市场。

精酿的创新，不仅仅体现在发酵罐里投入千奇百怪的原料上，当你仔细分析后会发现，精酿的创新无处不在。运营和业务系统的资源配置、产品或服务的组合、与客户相关的体验层面的元素应用等，具体来讲，产品表现、餐饮场景、客户交互、品牌、渠道、服务产品系统、大众推广、促销、跨界，创新基因在各个层面都发挥着价值。这一章，我们收集了目前精酿圈一些创新的做法。

第一节

产品篇

精酿啤酒产品本身已经发展到较为成熟的阶段。产品品质的好坏不外乎色泽、温度、泡沫、香味、口感，这个好坏在用心的酿酒师手中都不成问题。于是众多品牌为了能在市场中脱颖而出，就在产品概念、故事上做文章（表 9-1）。品牌也许是能让自己的精酿与众不同的最好选择，至少国内外大大小小的酒厂都在这么做。

表 9-1 “非主流”精酿产品概念

产品概念	产品本质
猫屎精酿	美奇乐的 Beer Geek Brunch Weasel 是一款早餐世涛，做法和猫屎咖啡类似
羊粪精酿	Borg Brugghus 啤酒厂的 Fenrir Nr26 是用羊粪火堆熏烤的麦芽做成的
月球啤酒	角鲨头啤酒厂在美国国家航空航局的帮助下，把搜集到的月球尘埃加入 Oktoberfest 啤酒
墨鱼汁啤酒	威斯康星州 3 Sheeps 的酿酒大师打造了一款名叫 Nimble Lips Noble Tongue No.3 的黑色 IPA，用的就是墨鱼汁

消费者在震惊的同时，脑中已经记住了这些疯狂的酿酒师和产品，但这种走极端的产品概念方式并不适用于普通的精酿商业模式，它也许是个引爆点，但它绝对不是消费者买单的理由，尝试需谨慎。与“非主流”精酿产品概念不同的是“文化精酿”，如表 9-2 所示。

表 9-2 “文化精酿”产品概念

产品概念	代表品牌	产品本质
城市标签	鹅岛 312	以芝加哥区号命名，瓶身印着芝加哥天际线，散发着浓浓的芝加哥风情，312 象征这座城市，也代表着正宗美式精酿
中外文化	京 A	中国味的产品名，让人印象深刻：艺妓的胭脂、空气大爆表双 IPA、土豪金比尔森、光膀子西瓜小麦淡啤、胡同帮 CDA、老百姓……
音乐	莱宝	莱宝与民谣摇滚音乐人李志、民谣歌手赵雷、说唱歌手爽子、后摇乐队惘闻、摇滚乐队声音玩具、舌头乐队吴吞六位中国独立音乐人，发起了名为“摇滚有啤气”的众筹项目——消费者的每一次购买都会为瓶标上的音乐人带来版权收益
传统	啤酒头酿造	尽可能使用本土作物为原料来酿造啤酒。酒标设计取自中国传统的二十四节气，依据四季更迭推出适合品饮的啤酒

“文化精酿”的产品概念和当下行业内推广精酿文化的氛围相符，用消费者熟悉的具体的内容来表达精酿产品的口感、情绪等抽象的感觉，能让消费者更具象地体会精酿，体会每款精酿要带给人们什么样的口感和体验。

除了卖城市标签、卖中外文化、卖音乐以外，精酿还可以卖什么？或许是卖绘画、卖小众文化、卖电影……

第二节

包装篇

在这个颜值即正义的年代，不管是小鲜肉还是设计师品牌的兴起都在告诉我们消费者越来越轻易为“颜值”买单，啤酒也不例外。英国安格利亚鲁斯金大学的最近一项研究表明把40个人聚集在放满不知名品牌啤酒的货架前，给他们带上用于追踪眼部运动的眼镜，通过热量图统计大家对各品牌啤酒凝视时间的长短。结果显示：和把啤酒数量翻番相比，吸引人的包装设计能使啤酒的售出概率提升3倍。

作为千篇一律的反义词，精酿的多样化绝不仅仅体现在产品本身的概念、原料和酿造方法上，精酿啤酒的包装也是吸引消费者的一大要素。它们不再局限于传统啤酒包装设计的基本范式，而是追求设计美感、传递价值和与用户的交互。

精酿包装的玩法主要集中在酒标上，还有瓶盖、瓶身上，很多品牌都借助有特色的包装成功吸引了消费者的关注。

一、异形瓶身

异形瓶身的案例如图9-1至图9-4所示。

图9-1 新西兰"大蜥蜴"啤酒

图片来源：百家号－农业技术 2017-3-25

* 新西兰精酿啤酒大蜥蜴将瓶颈部分做成蜥蜴的纹理和形态让消费者对品牌印象深刻。

图9-2 爱沙尼亚啤酒品牌Viru酒瓶

图片来源：http：//www.foodaily.com/market/show.php？itemid=16869

* 爱沙尼亚酿酒商Viru选择革新了酒瓶的形状让酒瓶看起来如同一个火炬。

*澳大利亚霍巴特（Hobart）地区的Moo Brew把啤酒装进了红酒瓶子体现博物馆一以贯之的性和死亡的主题。

图9-3　澳大利亚精酿品牌"Moo Brew"

图片来源：http：//www.foodaily.com/market/show.php？itemid=16869

*匈牙利设计师Kevin Harald Campean在啤酒磨砂瓶上做出了手握的痕迹，灵感来自流氓打架斗殴都喜欢抡啤酒瓶的习惯，表现出暴力文化的特征。

图9-4　匈牙利设计师Kevin Harald Campean作品

图片来源：http：//www.qdaily.com/articles/21163.html

二、艺术酒标设计

艺术酒标设计的案例如图 9-5 至图 9-17 所示。

*美奇乐以电影和音乐为酒标不变的主题常和艺术家、文身店、汉堡店、唱片厂牌等不同对象进行跨界合作。

图 9-5　美奇乐酒标

图片来源：http：//www.sohu.com/a/115389034_494887

*罗马精酿品牌 Contromano 以珊瑚蛇、乐谱、小麦、啤酒花、灯塔、大海、摩托车、电子键盘、山羊等自然事物为元素体现品牌“天然原料”“手工制作”的特点。

图 9-6　罗马精酿品牌 Contromano 酒标

图片来源：http：//art.china.cn/products/2016-12/07/content_9208876.htm

* 美吉普赛精酿品牌图乐使用当代美术的手法将 To Øl 的 logo 和特定的文本或组合物进行编排创作。

图 9-7　图乐酒标

图片来源：http：//www.sohu.com/a/115389034_494887

* 美国精酿品牌飞狗以夸张的狗形象表达不屑、纨绔和玩世不恭的品牌态度。

图 9-8　飞狗酒标

图片来源：http：//www.sohu.com/a/115389034_494887

*加拿大 William Street 啤酒公司以海鸥、螃蟹、美人鱼等海洋元素，作为包装设计的灵感来源，既体现了当地悠久历史和海港文化，又以简洁现代的线条构图，表现出有趣诙谐不守旧的区域个性。

图 9-9 加拿大啤酒品牌 William Street 酒标

图片来源：http：//www.qdaily.com/articles/21163.html

* 美国尤因塔精酿啤酒的产品系列和包装设计都源于美国的不同景观或者历史典故，Golden spike 的灵感就来自犹他州横贯大陆的铁路道钉，代表着美式开拓的精神追求。瓶身凸起的指南针标志，象征着无畏的美式探索精神。

图 9-10　美国尤因塔精酿啤酒酒标

图片来源：公众号"全球啤酒先锋资讯"

* 中国精酿品牌高大师用年画形式体现中国特色。

图 9-11　高大师“婴儿肥”酒标

图片来源：高大师官网

* 美奇乐与中国艺术家刘小东跨界合作。

图 9-12　美奇乐与刘小东合作酒标

图片来源：搜狐时尚

*啤酒头酿造与书法家吴鸣跨界合作，用二十四节气作为酒标元素。

图 9-13　啤酒头书法酒标

图片来源：《周末画报》2016-4-8

图 9-14　台虎精酿山水画酒标

图片来源：http：//tech.sina.com.cn/roll/2017-07-23/doc-ifyihmmm8168840.shtml

*台虎精酿与台湾知名艺术家姚瑞中合作，以山水画的形式作为自己的罐装外表，传递台湾的本地文化。

*巴西啤酒品牌Conti在啤酒包装上增加温感涂料，用来提醒用户啤酒的温度。常温下瓶子上的模特是穿着衣服的，当温度越来越低，模特的衣服越来越透亮，直到变成比基尼。

图 9-15　巴西啤酒品牌 Conti 温感酒标

图片来源：https：//www.digitaling.com/projects/15144.html

图 9-16 摩森康胜公司旗下的 Coors Light 变色酒标

图片来源：http：//www.sohu.com/a/146431046_280777

* 摩森康胜公司旗下的 Coors Light
在加拿大推出了一款“夏日认证罐”，
罐体包装可以根据温度和紫外线的变化而变色。
在最适应饮用的低温下，罐体上会显现出蓝色，
在太阳下，与紫外线接触的包装会显现更斑斓的黄色、橘色和红色。

* 美国酿酒公司 Snoqualmie Falls 在标签设计上使用了增强现实技术（AR）。用 Layar 的 app 扫描瓶贴，就会发现瀑布居然流动了起来，鱼儿跃出水面，鸟儿从山谷里飞出，酿酒师坐在酿酒桶里顺流而下。

图 9-17 美国酿酒公司 Snoqualmie Falls AR 酒标

图片来源：http：//mp.weixin.qq.com/s/JjVpXqppbkKgSgp0PIO3eA

第三节 搭配篇

啤酒与餐饮自古以来就是好搭档，在中国，超过 60% 的啤酒消费额是在即饮渠道完成的，包括餐馆和夜场（酒吧、夜店、KTV）等，同样的数据，在美国只略高于 50%。即饮渠道的优势在于消费者对价格的敏感度比较低，有相对较高的利润空间。所以餐饮渠道也是精酿啤酒不可放弃的生存空间之一。

传统的精酿与餐饮的结合主要有两种形式：

一是餐吧，它的特点是以餐食为主，以餐带酒。餐饮行业是竞争十分激烈的行业，每一家都想做出与众不同的地方，精酿作为新兴产品，正好可以作为跳出红海的踏板。

二是酒吧，它的特点是以酒为主，以餐为辅。一般配以快捷的小食或冷食。

目前精酿与餐饮结合创新的形式有两种：精酿 + 餐，精酿 + 饮。

一、精酿＋餐搭配

对啤酒更高层次的追求是精酿啤酒，对精酿啤酒更高层次的追求是精酿与美食的结合。

精酿与美食的搭配可以有两种不同的方向：

一是精酿与美食搭配的极致体验。

二是更讲究本地口味的搭配方法。

只卖啤酒的米其林餐厅“Luksu”
——精酿与美食搭配的极致体验

来自美国布鲁克林的 Luksu 是目前唯一一家仅供应啤酒的米其林星级餐厅，如图 9-18 所示。Luksu 与外卖小店及街角杂货店比邻而居，Luksu 每晚只接待 26 位客人，在这里一顿晚饭要花 125 美元。即使这样，它依然是整个布鲁克林的焦点，在这里你可以感受到啤酒与食物的搭配之美。

图 9-18 Luksu 餐厅

图片来源：http：//jiu.ifeng.com/a/20160704/41633088_0.shtml

在这里，食物的种类不算很多，酒水单上只提供一种酒类，就是啤酒，Luksu 的酒水由与 Luksu 同位一体的 Tørst 酒吧提供。

但是两者搭配的创意和讲究却不少。

为了给客人更多新鲜感，Luksu 的大厨不断创新，菜单每六个月就会更换一次。

在啤酒与食物的搭配上，他们有自己的独特理念：每出一道新菜，大厨 Daniel 都要群发邮件给朋友和合伙人，邀请他们来品尝菜肴以及啤酒。通常，“为了找到最适合那道新菜的啤酒，我们都会让每一个人尝试好多种啤酒，当然，最后总能找到恰到好处的那一款”。

有时候选择啤酒的重点是考虑主料的口味，有时候啤酒又只是作为衬托第三或第四顺位的原料。

制作鸭肉乳鸽时，要同时精心制作咸味的李子泥，搭配这道菜肴的啤酒是陈年的酸啤酒，被选中的啤酒还要与李子一起放在葡萄酒桶中吸收来自葡萄酒桶的香味。水果甜点是不会搭配同样口味啤酒的；传统意义上，甜品的搭配建议是甜味酒，但 Luksu 的大厨认为这样容易让充斥着甜味的口腔变得更甜腻，所以他们使用带着苦味的啤酒和巧克力共食。如盖着甜薄脆的 mackerel 和清冽的比利时啤酒 Hof ten Dormaal 一起，为食客呈上不一样的细腻口感。

广州 Tipsy 精酿啤酒餐吧 ——精酿与本地口味的丰富体验

广州的 Tipsy 精酿啤酒餐吧（图 9-19）在讲究啤酒与餐食的细致搭配，尊重广东人对鲜味的喜好，融入了本地口味酒和餐的体验研究。在食物原料选择上采用新鲜食材，在与酒的搭配上也以提鲜为目的。

图 9-19　广州 Tipsy 精酿啤酒餐吧

图片来源：大众点评网

在烹饪“慢煮香草橄油虾”时，坚持选用比普通虾贵上好几倍的新鲜九节虾，为的就是那一口鲜味。经过 45 分钟的低温慢煮，蒜头、百里香的味道令虾的鲜甜味提升了不少，低温烹饪则令肉质保持了柔嫩爽弹，再搭配一口来自比利时的曾经夺得世界三料盲品大赛第一名的卡美里特，可以让广东人吃得欲罢不能。

英国必胜客精酿啤酒比萨 ——精酿成为食物原料

一般来说，比萨 + 冰啤酒是非常棒的组合体验。

2016 年，英国的一家必胜客推出了一款精酿啤酒比萨 ——把啤酒加到比萨里面寻找更美妙的美食体验。如图 9-20 所示。

图 9-20　英国必胜客精酿啤酒比萨

图片来源：http：//jiu.ifeng.com/a/20160527/41614777_0.shtml

这款精酿啤酒比萨有两种口味 ——牛肉盛宴和美式辣椒。

必胜客的市场营销总监表示，随着精酿啤酒越来越流行，他们已经不仅局限于售卖精酿啤酒，还创新推出了这款全新精酿啤酒比萨。必胜客团队经过长时间的研发，才创造出完美的配方和口味组合。

二、精酿＋饮搭配

传统认知上我们把精酿作为一种单独的饮品，但是现在已经有很多人开始尝试将精酿与其他饮品结合，创造新的品类和体验。

星巴克——第一款酒精饮料 Espresso Cloud IPA

2016 年，星巴克在美国推出第一款酒精饮料 Espresso Cloud IPA。如图 9-21 所示。这款啤酒被增加到了星巴克的夜间菜单里面。

* 星巴克 Espresso Cloud IPA。

从字面上看，它的原料还是 espresso（浓缩咖啡），但它搭配的是精酿啤酒，以一式两杯的方式呈现。

图 9-21　星巴克 Espresso Cloud IPA

图片来源：http：//www.sohu.com/a/116587097_481959

星巴克推出这款饮料的原因是星巴克的消费场景一般是早上上班高峰和午休后这段时间，而下班到晚上的大片时间是星巴克的闲时。星巴克想找到消费者在夜间依然到店消费的理由，所以他们给出的诱惑是“酒”，以提高门店的经营效益。

精酿鸡尾酒搭配

精酿鸡尾酒的创新如图 9-22 所示。

图 9-22　精酿鸡尾酒

图片来源：https：//www.zhihu.com/question/51845225

杭州的无为精酿啤酒馆创新性地将精酿啤酒作为原料之一，与果汁、烈酒等混合，调配出独一无二的“精酿鸡尾酒”。对精酿啤酒馆而言，精酿与其他饮料的搭配则可以增加产品品类，造成产品差异化。

精酿啤酒与餐、饮相辅相成，一方面借助餐饮渠道，精酿进入更多消费者的视野，另一方面餐饮借助精酿啤酒，获得独特卖点，脱离竞争红海。

但是在精酿与餐、饮的结合上，简单的搭配销售已经不能吸引消费者眼球。只有更有创意的结合才能让产品自成话题，更具营销力。

第四节 大众推广篇

企业的营销推广活动最主要的目的就是：不管用什么方式都要让消费者记住我！选择我！再选择我！为了达到占领消费者心理的目的，品牌商都各出奇招。

在我国，精酿品牌的推广不适合走传统媒体的渠道。

一方面是品类不成熟，社会对精酿的认识处于低级、模糊阶段，利用传统媒体面向不够精准的目标消费者进行撒网式推广，意义不大；另一方面精酿品牌们也没有那么多财力和人力可以投入推广活动中。就目前精酿发展现状来讲，精酿品牌的推广路径，可以选择精酿爱好者 一意见领袖 一众多跟进者的推广路径；精酿传播媒体不妨选择新媒体，更贴近消费群。

明星名人是首选——“意见领袖”的作用不容忽视

明星名人对精酿的喜爱引领了潮流，如图 9-23 至图 9-25。

图 9-23　英国查尔斯王子喝精酿

*只让明星“尝一尝”“喝一喝”并不是最好的推广方式，要借助意见领袖的影响力 + 有传播价值的内容，才能真正影响众多跟进者。

图 9-24　奥巴马赠卡梅伦芝加哥精酿，卡梅伦回赠伦敦精酿

图 9-25　吉克隽逸、黄磊喝过的斑马精酿
图片来源 http：//www.sohu.com/a/167688331_160203

莱宝“滚啤”——和“意见领袖”一起玩

莱宝的“滚啤”（摇滚有啤气）就是让大家和独立音乐人一起玩，和“意见领袖”一起玩，发挥“意见领袖”作用。

莱宝和六位中国独立音乐人合作，在“开始众筹”平台上发起名为“摇滚有啤气”（简称“滚啤”）的众筹项目。如图 9-26 所示。

图 9-26 莱宝“摇滚有啤气”系列啤酒

图片来源：http：//www.jiemian.com/article/787108.html

在这个项目中，莱宝生产了 6 款带有音乐人包装的 IPA 啤酒，酒标上有他们的形象和歌词。在一年授权期间，每售出一支啤酒，这些音乐人可以得到一定的收益。众筹认购分为 1 元、88 元、168 元、380 元、5000 元和 2 万元。若投资 2 万元，就可以成为这个项目一年的地区销售合伙人，2 万全部换成产品。

20 天时间，“滚啤”众筹到了 127.5 万元，参与认筹人数达 3289 人。

和音乐人“捆绑”的众筹推广，使莱宝一方面获得独立音乐人的粉丝流量，另一方面也传递出了自己支持独立音乐、支持青年文化的品牌形象。通过借用“意见领袖”的人格魅力和价值主张，自然在有趣的活动中向大众传递了莱宝的品牌态度。

“胡辛束”的移动小酒馆事件——热点传播力的推广内容

2016 年 11 月电影《摆渡人》上映期间，“胡辛束”为电影策划了三间仅存在三个小时的“移动小酒馆”，摆渡失意人。如图 9-27 至图 9-28 所示。

图 9-27 “胡辛束”的移动小酒馆事件（1）

图 9-28 “胡辛束”的移动小酒馆事件（2）

图片来源：http：//www.chaoqi.net/ganhuo/2016/1226/45539.html

11 月 28 日晚，“胡辛束”“原来是西门大嫂”“银教授吐槽”3 个公众号同时发布了一条这样的推送消息：

“此时此刻，我在南京 / 上海 / 北京，坐在一辆房车改造的移动小酒馆上……车尾贴有摆渡人灯牌，如果你看到我的车，请轻敲车窗三下，我会邀你上车。”

这个仅有三小时的推广活动，依靠 3 个公众号自带的粉丝流量，带来了不小的影响：

3 个微信公众号文字共推送总计 166 万粉丝，微博阅读量共计 1117.2 万，三人的红豆语音直播收听人数共计 19.5 万、点赞人数超过 8.6 万，“胡辛束”陌陌直播观看人数约 104 万，获 12 万人点赞。

“胡辛束”的粉丝群偏年轻化，且敢于尝试新事物，敢不同；《摆渡人》这部电影不仅有生活场景感和饮酒场景，也有电影粉丝的基础。精酿的推广如果能与这样的新媒体资源和传播内容结合，肯定比某个明星“尝尝酒，发个微博”的推广更让人印象深刻。如果哪个精酿品牌的热点嗅觉很敏感，参与了这次“移动小酒馆”活动，不知会在三个小时扩大多少市场影响力。

选择与精酿文化契合的内容——音乐纪念款

精酿推广有两个关键词：文化和场景。

精酿在美国、欧洲甚至中国的发展中，始终与酒吧、摇滚、叛逆、愤怒、抗争、自然、艺术、个性等亚文化联系在一起，与嬉皮士、波普、独立艺术家、环保运动、户外运动等潮流、运动交织。

文化在精酿的发展中起着非常重要的作用。精酿文化需要在大众推广的内容中体现出来。

很多国外精酿品牌都曾经推出过音乐纪念款酒标。如图 9-29 至图 9-33 所示。

图 9-29 Crooked Stave 酒厂 Totem 野生酵母艾尔酒标

*Crooked Stave 酒厂为庆祝 Motet 乐队所发行的新专辑 Totem2，推出了新款 Totem 野生酵母艾尔。

*角鲨头（Dogfish Head）为了纪念 Greatful Dead 乐队成立 50 周年，推出了一款 American Beauty。

图 9-30 角鲨头 American Beauty 酒标

*Surly 酿酒厂在为 Doomtree 乐队筹备告别之旅巡演之际，推出了 Surly Doomtree 英式苦啤。

图 9-31 Surly 酿酒厂 Surly Doomtree 英式苦啤酒标

*3 Floyd 酿酒厂同 Pig Destroyer 乐队一起，推出了一款名为 Permanent Funeral 的帝国 IPA。

图 9-32 3 Floyd 酿酒厂 Permanent Funeral 酒标

图片来源：公众号"蒂诺斯精酿"2016-8-31

*波士顿 Aeronaut 精酿酒厂发布一款名为"TRIP"的帝国 IPA 此名与独立摇滚乐队 Lights Out 的一盘概念专辑同名。

图 9-33 波士顿 Aeronaut 精酿酒厂 TRIP

图片来源：http://www.imbeer.com/news.php？art_id=10225

国内的精酿品牌也在做音乐纪念款的尝试。如图 9-34 所示。

图 9-34　高大师“英水帝江”

图片来源：http：//www.sohu.com/a/165628371_374847

这些酿酒厂选择的音乐对象都是爵士或摇滚乐队，他们态度鲜明强硬、离经叛道、追求梦想，毫无掩饰地通过音乐表达对社会的情感。

精酿品牌在纪念他们的时候，也正是在表达自己的文化态度和品牌主张。

第五节 促销篇

目前精酿的促销除了进口超市中的降价促销以外，主要是集中在精酿酒吧和淘宝店。

相对于工业啤酒，精酿的市场成熟度还比较低，消费者对其了解和接受程度较低，直接降价并不是最好的促销方式。

表 9-3　精酿传统促销方式

促销方式	具体做法	促销目标
按照消费者的不同属性进行产品组合	·入门精酿组合装 ·进阶精酿组合装 ·古董精酿组合装	适合对精酿感兴趣但缺精酿知识的消费者
系列组合打包	·酿酒狗系列 ·中国精酿全系列	加深消费者对某一品牌、某一种类的深度了解
一价任选	·99 元任选 3 件 ·128 元任选 4 件	适合清库存
买产品送周边	买精酿送酒杯、无痕开瓶器	借道具宣传精酿文化，传递服务体验感
福袋促销	精酿赌酒——用 158 元等待 10 瓶未知的进口国产精酿啤酒	让消费者尝试到不同口感的精酿，有利于传递勇于尝试的精酿文化
预售促销	预售下单再送经典款	提前占领消费者的购物清单
社交促销	分享故事换精酿	放大精酿的场景感和工业啤酒的差别
长期预定促销	预定一整年的精酿，半个月自动发货一瓶	和消费者建立长期的服务关系，推广精酿产品和文化
节日促销	把节日的氛围和精酿口感（甜、苦、重、轻）结合	加深精酿的生活化、场景感和情感性
激发参与的促销	举办“蒙眼品精酿比赛”“识精酿酒标比赛”等活动	增加消费者融入精酿文化的主动性和趣味性

促销过程中将精酿的多样化产品口味和场景、文化与消费者行为结合，有利于精酿文化及市场的培育。

精酿淘宝店中，“二狗酒馆”和“楠希小馆”的促销方式最有特点，如表 9-4 所示。品牌组合和赌酒活动如图 9-35、图 9-36。

表 9-4　精酿线上促销

淘宝品牌	促销方式	具体做法	促销目标
二狗酒馆	·根据啤酒品牌或品类系列组合打包 ·福袋促销	·国外品牌精酿组合——酿酒狗 6 种口味套装、香格里拉啤酒 5 种口味套装、比利时粉象 5 瓶装 ·果酒精酿大包——全日果酒 party 全天能喝的啤酒 8 瓶装 ·158 元 10 瓶精酿福袋 A+B 产品搭配促销的玩法： A= 高端酒款其中任意 1 支，不定期更新 1-5 款 B= 全世界 400 多款酒中的 9 支	适合大众精酿消费群体和精酿初体验者
楠希小馆	场景化打包销售	闺密下午茶—— 8 瓶进口果味精酿组合，打造女性最为熟悉的生活场景	女性熟悉的消费场景促销，强烈的主题感利于打包销售

“二狗酒馆”的品牌组合和赌酒活动

图 9-35　二狗酒馆品牌组合

图 9-36　二狗酒馆赌酒玩法

图片来源：“二狗酒馆”淘宝店

“闺蜜下午茶”套餐——女性日记般的产品文案风格，让女性消费者很有场景代入感

楠希小馆闺蜜下午茶套餐精美（图 9-37），文案出彩（图 9-38）。

图 9-37 楠希小馆闺蜜下午茶套餐

北京的冬天，少了凛冽的寒风，
取而代之的是久久不愿散去的雾霾。
整个城市都被笼罩在灰色的罩子里。
阳光不在，但心情不能不好。
约上几个闺蜜，在小馆来个下午茶可好！

去面包店选了甜点，去后厨洗了餐具，
准备了果味啤酒一箩筐，
花了好大功夫，才将这下午茶的架势装点完。

但其实，吃到了什么，喝到了哪种，又怎会是重点。
叽叽喳喳围坐成一圈，
有粮有酒，有说不完的话，还有聊不够的情。
这一刻，足够温暖一冬。

楠希 于 小馆 2017年1月4日午后

图 9-38 楠希小馆闺蜜下午茶套餐文案

图片来源：“楠希小馆”淘宝店

第六节 跨界篇

跨界是资源间的相互扩大和融合。精酿选择跨界，一定是选择与资源相匹配的，能互补的和非竞争性品牌，从而达到互补互利、品牌叠加的效果。

精酿跨界的玩法很多。

一、产品原料、配料、酿造方法的跨界创新

将葡萄汁、威士忌等加入精酿中的创新案例如图 9-39 至 9-41 所示。

* 丰收女神葡萄精酿，第一款使用葡萄汁来酿制的精酿，使得精酿啤酒里有了葡萄酒的口感。

图 9-39　丰收女神精酿用葡萄汁酿造精酿

图片来源：公众号“西班牙来的”2016-4-8

* 鹅岛啤酒将发酵好的啤酒倒入威士忌波本橡木桶中继续陈酿创造了 Imperial Stout Aged in Bourbon Barrels 的全新风格引发了精酿啤酒业界的过桶风潮。

图 9-40　鹅岛过桶啤酒

图片来源：http：//fashion.sina.com.cn/luxury/taste/news/2016-10-19/1153/doc-ifxwvpar8449700.shtml

* 圣迭戈地区的老牌精酿酒厂 Coronado 利用经典甜品黑森林蛋糕的灵感在精酿中加入了巧克力和黑樱桃让精酿有了黑森林蛋糕的甜美味道。

图 9-41　Coronado 过桶黑森林蛋糕啤酒

图片来源：http：//www.imbeer.com/news.php ？ art_id=10463

二、不同行业间跨界开发新品精酿

与音乐、艺术等跨界开发精酿的案例如图 9-42 至图 9-46 所示。

图 9-42　Stanley Park Brewing 和瑜伽运动服零售商 Lululemon 合作酒款

图片来源：公众号“华丽志”2015-7-30

* 由 Stanley Park Brewing 和加拿大著名瑜伽运动服零售商 Lululemon 共同推出限量款精酿啤酒 Curiosity Lager。

2015 年推出的这款限量版 Curiosity Lager，本意是希望通过和拥有庞大粉丝群体的 Lululemon 共同开发新品，获得 Lululemon 粉丝关注。

*Stone 酒厂邀请“音乐界酿酒大师”Kyle Hollingsworth 和 Keri Kelli 一起酿造 Collective Distortion IPA。

图 9-43 Stone 酒厂 Collective Distortion IPA

图片来源：公众号“蒂诺斯精酿”2016-8-31

Kyle Hollingsworth 和 Keri Kelli 被誉为“音乐界酿酒大师”，既玩音乐，又会酿酒。

Stone 酒厂 Ston 邀请两位一起酿造精酿，共享消费者、酒与乐的情趣。

* 优衣库与英国知名啤酒酿造商 Magic Rock Brewers 及伦敦泰特现代美术馆（Tate Modern）跨界合作推出一款樱花口味的淡啤酒。这是优衣库在英国开展的文化营销活动之一。

图 9-44 Magic Rock Brewers 与优衣库合作酒款

图片来源：https：//baijiahao.baidu.com/s？id=1566550034997613&wfr=spider&for=pc

*果壳网旗下板块吃货研究所继推出“薛定谔的猫”IPA之后再推出“斐波那契兔子的桂花小麦”两者概念都沿袭果壳网科技、科学的风格。

图 9-45　果壳网旗下吃货研究所的“斐波那契兔子的桂花小麦”

图片来源：公众号“果壳网”

*道酿携手孟京辉戏剧工作室推出孟京辉作“蛋”的同名啤酒“蛋 IPA”，用啤酒演绎戏剧的怪诞离奇。

图 9-46　道酿与孟京辉合作酒款“蛋 IPA”

图片来源：https：//baijiahao.baidu.com/s？id=1570135439399278&wfr=spider&for=pc

三、营销跨界

营销跨界一般的玩法是借助对方品牌的品牌形象和粉丝流量，吸引同质消费者，树立起自己的品牌影响力。

1. 精酿与音乐跨界营销。如图 9-47、图 9-48 所示。

* 由 Mikkeller 美奇乐与世界著名的金属乐队 Mastodon 推出他们的第二款合作酒款“苏丹的诅咒”，名字来源于乐队最新专辑“Sand of the Royal”的歌曲。

图 9-47　Mikkeller 美奇乐“苏丹的诅咒”

图片来源：http：//www.imbeer.com/news.php？art_id=10450

* 莱宝和 6 位独立音乐人跨界众筹合作，传达“热爱音乐、追逐梦想”的品牌价值观。

图 9-48　莱宝“摇滚有啤气”海报

图片来源：界面新闻

2. 精酿与体育跨界营销。如图 9-49、图 9-50 所示。

莱宝通过和 Nike、Common Rare 跨界合作举办独立品牌创意市集，获得耐克粉丝和创意市集的人群流量。

图 9-49　莱宝和耐克合作酒款

图片来源：公众号“imbeer 爱啤酒”

图 9-50　阿迪达斯“防酒鞋”

图片来源：http：//www.imbeer.com/news.php ？ art_id=10402

不少精酿品牌都在赞助小众体育社群的线下活动，以期更加精准地挖掘到目标消费者。如图 9-51 至图 9-53 所示。

* 熊猫精酿
独家赞助
中国创投扑克联赛

图 9-51　熊猫精酿赞助中国创投扑克联赛
图片来源：公众号“熊猫精酿”

* 北京蜂狂精酿携手悦跑圈推出过专场夜跑活动，打造更 Fun 的夜跑。

图 9-52　北京蜂狂精酿携手悦跑圈专场夜跑活动
图片来源：http://www.21jrr.com/news/zhxw/2016/0810/149541.html

* 德国瑜伽工作室创始人 Jhula 把精酿和瑜伽相结合，让人们边喝酒边练瑜伽，加大控制身体的难度，使瑜伽的修身功能扩大化，使精酿和健康生活相结合，从而传递精酿的价值主张。

图 9-53　啤酒瑜伽
图片来源：http://jiu.ifeng.com/a/20160526/41614134_0.shtml

3. 精酿与快销品跨界营销。如图 9-54 至图 9-56 所示。

*鹅岛和立顿茶铺“立顿 PARTEA”创新推出“桃往酒芒芒”（鹅岛 IPA 啤酒 + 芒果桃子茶），既借用了立顿的品牌知名度，又传达了鹅岛勇于创新的品牌态度，以及老立顿勇创新的品牌精神。

图 9-54 鹅岛和立顿茶铺合作款“桃往酒芒芒”

图片来源：公众号“鹅岛精酿啤酒”

*New Belgium Brewing 与联合利华旗下冰淇淋品牌 Ben & Jerry’s 一起联手推出了巧克力块曲奇饼艾尔啤酒以应对随着天气变冷而渐渐失宠的彼此。

图 9-55 New Belgium Brewing 和 Ben & Jerry’s 合作款

图片来源：http://mp.weixin.qq.com/s/zIi04gyAxOyrg-JOjkGJTA

图 9-56　Teavana 即饮茶

图片来源：http：//mp.weixin.qq.com/s/zmoipVDaRhI1Oyr6we6AdA

*2016 年，百威英博和星巴克联合宣布，他们在美国共同生产、灌装、分销和推广 Teavana 即饮茶。

后记

春日暖阳照在厚厚的一叠打印出来的书稿上，我们从心底泛起一片温暖。从 3 年前作为商业顾问切入精酿啤酒行业设备制造这么一个细分领域，到今天对该行业较为全面精准的分析总结，其中有太多的劳心劳累，也有无限的期待和憧憬。

本书的框架来自咨询实践。自 2016 年开始构思，经过工具设计、资料收集、调研访谈、观察回馈、评估实施等一系列过程，到 2017 年盛夏已基本完成主体部分的写作，但最终完稿却到了 2018 年的农历新年前。无论如何，我们走进了明媚的春天。

咨询和写作耗时 3 年多，在这 3 年时间里，精酿市场环境发生了很大的变化，国际大鳄的入侵，国内传统啤酒大厂的介入、精酿圈自身的变革发展，让精酿行业的生态环境发生了重大改变。但是无论环境如何改变，竞争手段怎么翻新，企业对自身所处行业变化的了解，对行业未来趋势的洞察都是企业发展壮大的关键。丹尼尔·伯勒斯曾说过，理解未来就是理解趋势。洞察先机、发现问题、重新定义、变革再创、主导未来，这一切都需要基于对目前社会、行业以及具体事务的确定，基于我们对现有资源的整合。从这个角度来说，现代企业既要有变革的决心和勇气，更要有观察世界和行业、理解技术变迁和社会变迁的思维和应用逻辑能力。我们希望这本书能为精酿行业的成长壮大提供更为广阔的视野和创新动力。

本书能够出版，首先要真诚感谢塔罗斯集团邱总，为我们提供了检验我们理论和行动的平台，本书的思想以及各种工具和方法论是在为客户服务的过程中不断完善起来的，没有客户，本书完成的概率就会大打折扣。

我们也要特别感谢合作方恩杰先声品牌营销董事长陈恩杰先生，他对区域经济的熟悉了解、对民营企业发展的推动热诚及表现出来的创新精神都令我们获得了大量鲜活的灵感。

还要感谢开物品牌的阮江泉和陈诗咨询师，她们在行业调研、资料收集分析及初稿形成过程中的贡献，她们的努力都极大地推动了本书的完成。

还要真诚感谢浙江工商大学出版社社长鲍观明先生，鲍社长以他一贯的热诚为本书出版给予了极大的支持。责编唐红女士以专业、认真的态度为本书的出版付出了诸多心血，再次一并感谢。

最后很想感谢一下我们自己。这几年我们一直游走在教学、咨询和写作中，即将变成“三栖生物”。尽管辛苦，但我们还是很享受这个过程，尤其是这个过程所呈现的风起云涌的现实社会，让我们的理论思考有了更为深切的现实感和使命感。而且这种从现实出发，理论关照现实的研究方法可以更为深刻地促进理论研究、政策与行业实践变革的融合，真正有助于行业的创新发展。

希望我们在下一个春天，在另一个行业观察中再相遇。

吴凡

浙江工商大学

人文与传播学院

品牌创新研究所

2018 年 2 月 27 日